한국의 당원을 말하다 II

한국의 당원을 말하다 II

4차 산업혁명과 팬데믹 시대의 당원과 당내민주주의

초판 1쇄 발행 2021년 6월 30일

지은이 윤종빈·박지영·김진주 외 | 미래정치연구소 편
펴낸이 김선기
펴낸곳 (주)푸른길
출판등록 1996년 4월 12일 제16-1292호
주소 (08377) 서울시 구로구 디지털로 33길 48 대륭포스트타워 7차 1008호
전화 02-523-2907, 6942-9570~2
팩스 02-523-2951
이메일 purungilbook@naver.com
홈페이지 www.purungil.co.kr

ISBN 978-89-6291-907-3 93340

이 저서는 2019년 대한민국 교육부와 한국연구재단의 지원을 받아 수행된 연구임(NRF
-2019S1A3A2098969).

미래정치연구소 학술 총서 시리즈 15

한국의 당원을 말하다 II

4차 산업혁명과 팬데믹 시대의 당원과 당내민주주의

푸른길

4차 산업혁명과 팬데믹 시대의 당원과 당내민주주의

윤종빈 · 박지영 · 김진주

명지대학교

대의민주주의는 신뢰의 하락, 사회적 갈등과 분열, 정치적 무관심, 다수의 횡포, 정치 부패 등의 문제점으로 인해 위기를 맞고 있다. 더욱이 유례없는 코로나19로 인한 팬데믹은 정보 통신과 온라인 활동의 증대를 촉구하고 있어, 대의민주주의와 정당의 위기를 가속화한다. 이러한 상황 속 명지대 미래정책센터는 시민과 정당 간 연계가 강화되어야 정당정치의 활성화, 정치참여, 시민사회 확대, 그리고 사회적 자본의 확충을 통한 대의민주주의 강화가 이루어져, 궁극적으로 우리 사회의 포용과 통합을 가져올 수 있다는 인식하에, '지역다양성과 사회통합'이라는 어젠다를 기반으로 '대의민주주의 강화를 위한 시민-정당 연계 모델과 사회통합'이라는 주제로 한국연구재단 한국사회과학지원사업(이하 SSK; Social Science

Korea) 대형단계 연구를 수행하고 있다.

명지대 SSK 사업단은 연구의 일환으로 대의민주주의 강화를 위한 정당의 역할뿐만 아니라 정당의 근간인 당원에 대해서도 주목하여 조사를 수행하고 이 책을 기획하였다. 정당은 시민과 국가를 연계하는 주요 조직이며, 당원은 정당을 구성하고 시민과 정당을 잇는 핵심 집단이다. 한국의 당원 수는 2019년 기준 전년도에 비해 10.6%p 증가한 865만 7,559명으로, 인구수 대비 16.7%, 선거인수 대비 20.0%에 달한다(중앙선거관리위원회 2020). 이렇듯 당원 수는 늘어나고 있는 추세이지만 정작 한국 정치사에서 당원은 선거나 당내 행사에 동원되고 당원투표를 통해 정당 지도부에게 명분을 제공하는 등 '정당의 도구'에 불과하다는 비판을 받아 왔다.

그러나 당원은 시민들의 정치참여를 독려해 시민사회를 강화시킴으로써 민주주의 안정화에 기여한다. 또한 여전히 정당의 정강, 정책, 공직 후보자 선출 등에 영향을 미치는 주요 집단이다. 이 책에 집필자로 참여한 연구자들은 대의민주주의의 위기 속에서 당원의 중요성을 인지하고 설문조사를 기획하여 연구를 수행하였다. 명지대학교 SSK 사업단이 한국리서치에 의뢰하여 진행된 '2020 총선 당원 인식조사'는 2020년 4월 22일부터 5월 14일까지 CAWI(Computer Assisted Web Interview) 방법으로 조사되었다. 인구사회학적 특성을 통계적으로 대표할 수 있는 42만 명의 응답자 패널을 대상으로 2만 6,903명의 무작위 표본을 추출하였고, 그 중에서 "선생님께서는 현재 특정 정당에 당원으로 가입하셨습니까?"라는 문항에 "그렇다"고 응답한 1,442명을 당원으로 분류하였다. 조사의 표본오차는 무작위 추출을 전제할 경우 95% 신뢰수준에서 최대 허용 표집 오차가 ±0.6%p, 당원을 대상으로 한 설문에서는 ±2.7%p이다.

조사를 통해 얻은 자료를 토대로 집필에 참여한 연구자들은 4차 산업혁명과 팬데믹 시대의 당내민주주의와 당원에 대해 살펴보았다.

이 책의 제1장 '당원의 소셜 미디어 이용 행태 분석'(박지영·윤종빈)은 코로나19라는 특수한 상황하에서 비대면 방식의 선거 캠페인이 주를 이룬 21대 총선에서 어느 때보다 인터넷과 소셜 미디어의 중요성이 상당했을 것으로 보고, 당원들의 소셜 미디어 이용 행태를 분석하였다. 분석의 결과는 비슷한 성향을 가진 유권자들 간의 동질적 집단 현상이 인터넷 커뮤니티 활동과 소셜 미디어 활동으로 인해 강화됨으로써 확증 편향을 야기해 정치적 양극화를 증대시킬 수 있다는 것을 경험적으로 확인하였다.

제2장 '당원과 온라인 활동'(장우영·송경재)은 정보화 환경에서 나타나는 당원 활동의 특성과 그것이 당내민주주의에 미치는 영향을 실증적으로 분석하였다. 연구결과, 당내 민주주의 만족도를 결정하는 회귀방정식에서 온라인 정당 활동의 매우 중요한 영향력을 확인함에 따라, 온라인 정당 활동의 참여도가 정당 민주화를 위한 중요한 해결방안이 될 수 있다는 함의를 제공하였다.

제3장 '한국의 정당원들은 이념적 지지자인가'(신정섭)는 최근 한국정치에서 시민과 정당의 이념적 차이와 차별성이 강하게 나타나고 있다는 점에 주목하여 정당과 정당원들의 이념 성향과 이념적 관계성을 살펴보았다. 소속 정당을 구분하여 경험적으로 분석한 결과 거대 정당 당원들 간에 서로 명확히 구분되는 이념적 배타성이 존재하며, 소속 정당 내에서 상당 수준의 높은 이념적 동질성을 가진다는 것을 확인하였다.

제4장 '당원의 정당 신뢰와 당내민주주의 인식'(김진주)은 당원들의 정당에 대한 신뢰에 영향을 미치는 요인을 당내민주주의 인식을 중심으로 분석하였다. 분석 결과 한국의 당원들은 일반 국민들에 비해 정당에 대한 신뢰가 높은 수준으로 나타났으며, 정당에 대한 신뢰 제고를 위해서는 정

당별로 상이하게 접근하되 공통적으로 당원의 공직 선거 후보자 결정이라는 당내민주주의 요인에 중점을 두어야 한다는 것을 경험적으로 검증하였다.

마지막으로 제5장 '한국 당원의 정당인식과 소속 정당 만족도'(유성진)는 당원들의 인식을 중심으로 한국의 정당들이 민주적이고 개방적인 형태로 운영되고 있는지, 변화된 정치환경에 따라 정당의 개혁방안은 무엇인지 살펴보고 있다. 연구결과에 따르면 한국 당원들의 정당 만족도는 당내부에 존재하는 갈등과 의사 결정 과정의 민주성, 그리고 소통을 통한 의견반영 등 민주적 절차에 따라 영향을 받는다는 것을 확인하여 당내민주주의 수준의 질적 고양이 필수적이라는 함의를 제공한다.

이 책은 2019년 발간된 『한국의 당원을 말하다』의 연속물로, 2020년 확산된 코로나19로 인한 팬데믹과 이를 통해 가속화되고 있는 4차 산업혁명 시대라는 격변의 시기 속에서 대의민주주의의 위기를 해결하는 방안으로 당원의 중요성을 강조하고 있다. 포스트 코로나 시대를 준비하면서, 정치적으로 정당에 높은 관심을 가지고 시민과의 연계에 중요한 교두보가 될 수 있는 당원이 재조명 받기를 바란다.

| 차 례 |

제1장

당원의 소셜 미디어 이용 행태 분석

박지영·윤종빈

성신여대·명지대

본 장은 『미래정치연구』 제11권 1호(2021)에 게재된 논문을 수정 보완한 것이다.

I. 서론

소셜 미디어의 발전은 단순히 미디어 기술의 진화 차원을 넘어서서 사회, 공간, 시간, 그리고 경험을 재구성하여 의식 및 소통 행위의 총체적인 변화를 야기하였다. 소셜 미디어 이용자는 소셜 미디어를 통해 자신의 정체성을 표출하고, 소셜 미디어를 통해 형성된 다양한 사회적 네트워크는 이용자 간의 정보공유, 대화, 참여, 그리고 전파의 장을 제공한다. 소셜 미디어의 활용은 다양한 소통 방식과 증가된 소통의 양으로 인해 오프라인에서와는 전혀 다른 방식의 다양하고 긴밀한 유대 형성을 온라인상에서 가능하게 할 뿐만 아니라, 매스미디어를 보완하고 대체할 수 있으며, 시민들이 정치에 대한 정보를 얻을 수 있는 기회를 확대한다고 평가 받고 있다 (Gil de Zúñiga et al. 2014). 이처럼 시간, 장소, 비용에 구애 받지 않고 누구든지 사회 현안이나 주요 정치적 사안에 대해 온라인상에서 자유롭게 의견을 교환할 수 있기 때문에 소셜 미디어는 시민들의 현실 정치참여에 커다란 영향을 미치고 있다고 할 수 있다.

소셜 미디어가 가지고 있는 큰 장점은 소통의 전달력과 빠른 확산인데, 소셜 미디어에서는 이른바 '1 대 9 대 90의 법칙'이 작용한다.[1] 즉, 전체 온라인 이용자 1%가 최초로 글을 올리면 9%가 반응하고 90%는 열람한다는 것이다. 실제로 소셜 미디어는 공론의 정보와 지식의 밀도를 증대시킬 뿐만 아니라 공감을 확대시킴으로써 사람들의 행동을 조율할 가능성이 높다. 또한 소셜 미디어의 각 사용자들은 수많은 다른 사용자들과 연결되어 있기 때문에 소셜 미디어에서 개인적인 의견의 여론화는 사용자들이

---

1. https://www.mk.co.kr/news/special-edition/view/2011/11/733053/

글을 퍼 나르는 가운데 적극적으로 공감을 표시하는 집단, 즉 커뮤니티를 형성하면서 이뤄지게 된다.

그러나 소셜 미디어의 정치적 영향력에 대한 연구는 공론장으로 기능하여 숙의 민주주의를 발전시킬 것이라는 긍정적 예측에서 영향력 자체에 의문을 가지는 부정적 연구들로 그 흐름이 변화하고 있다. 초기에는 공론장의 역할을 하고, 기존에 소외받았던 개인들이 소셜 미디어를 통해 본인의 의사를 자유롭게 게시하고 토론을 하여 숙의 민주주의를 발전시킬 것이라고 예측되었던 것과는 다르게 현재는 소셜 미디어에서 선택적 노출(selective exposure)이 일어나며 양극화(polarization)현상이 심화되고 있다는 논의가 진행되고 있다.

사실, 소셜 미디어의 네트워크를 통해 이용자 간에 전달되는 정치정보는 다양한 정치적 효과를 초래할 뿐만 아니라 오프라인상에서의 정치참여에도 중요한 영향을 미칠 수 있다. 특히, 대표적인 정치참여 중의 하나인 선거는 정치에 대한 일반 대중의 관심을 증가시키고 정치적 판단을 위해 필요한 다양한 정보를 제공하지만 소셜 미디어를 통해 접한 정보나 메시지로 인해 기존에 가지고 있던 생각을 바꾸기도 하고, 이와는 반대로 오히려 기존에 가지고 있던 생각이나 태도가 더욱 강화되기도 한다는 사실을 상기할 때, 소셜 미디어를 통해 형성된 네트워크가 이용자의 인식 및 정치참여에 어떠한 영향을 미치는지를 분석하는 것은 중요한 함의를 지닌다고 할 수 있다.

따라서 본 논문에서는 21대 총선 직후에 실시한 당원인식조사 자료를 사용하여 소셜 미디어를 이용하는 당원들의 온라인상에서의 행태를 실증적으로 검증하고자 한다. 특히, 이번 21대 총선은 코로나19라는 특수한 상황 하에서 비대면 방식의 선거 캠페인이 주를 이루었기 때문에, 그 어느 때보다 인터넷과 소셜 미디어의 중요성이 상당하였다. 따라서 이번 21대 총선 과정을 중심으로 온라인상에서 당원의 소셜 미디어 이용 행태를 살펴보는 것은 지금까지 기존 논문에서 분석되지 않았던 당원의 행태를 이해하는 데 유용할 것이라고 생각한다. 본 논문의 구성은 다음과 같다. 제2장에서는 소셜 미디어가 미치는 영향력에 대한 기존 연구를 알아보고 제3장에서는 당원의 소셜 미디어 이용 행태에 대해 고찰한다. 이어서 제4장에서는 데이터 및 모델에 대해 논의하고 제5장에서는 경험적 분석 결과를 살펴본다. 마지막으로 결론에서는 본 연구결과를 요약하고 본 연구의 함의를 제시한다.

II. 기존 연구

소셜 미디어의 이용 증가는 소셜 미디어를 사용하는 이용자 간의 의견 교환을 용이하게 할 수 있을 뿐만 아니라, 자유롭게 정치적 활동에 참여할 수 있는 공론의 장(public sphere)을 마련해 주어 일반 시민의 정치참여를 위한 통로를 제공하고 있다(Campbell et al. 2009). 최근에 많은 학자들은 소셜 미디어 이용이 이용자의 정치참여에 미치는 영향에 대한 연구를 실증적으로 보여 주고 있다(신현기·우지숙 2011; 황유선 2011; Vitak et al. 2011; 신소연·이상우 2012). 사실, 소셜 미디어는 정보 교류에 있어서 쌍방향성, 개방성, 그리고 불특정 다수와 네트워크로 연결될 수 있다는 특징을 가지고 있다. 기존의 인터넷 포털 서비스의 주요 기능이 일방적인 정보 공급이었다면, 소셜 미디어는 이용자가 정보의 생산과 소비를 동시에 함으로써 일반 시민들 간에 다양한 관계망을 형성할 수 있다(이소영 2012).

기존 연구에 따르면, 이러한 소셜 미디어의 속성으로 인해 지금까지 정치에 무관심했던 많은 개인들이 다양한 정치 정보에 노출됨으로써 정치적 관심도가 높아져 선거와 같은 정치참여도 증가한다고 주장한다(탁진영 2011; Smith, et al.2008; Vitak et al. 2011; 홍주현 외 2012). 그리고 이러한 활동은 개인의 정치 효능감을 높이고, 자신들의 정치적 판단을 대표에게 맡기기보다는 스스로 참여하고 결정하려는 욕구를 갖게 한다.

더 나아가 소셜 미디어를 자주 사용하는 사람들은 사용하지 않는 사람들에 비해 정치적 효능감이 높고, 정치적 토론을 활발히 할 뿐만 아니라 다양한 형태의 정치참여에 더 적극적인 편이다(Freezel et al. 2009). 또한, 발렌주엘라 외(Valenzuela et al. 2009)는 페이스북을 많이 이용한 사람일수록 정치참여에 적극적일 가능성이 더 높다고 주장하였다. 이들에 따르면 페이스북의 그룹 기능을 이용하는 사람들이 정치 활동을 보다 적극적으로 하는 것으로 나타났다. 벤클러(Benkler 2006)는 인터넷이 가능하게 만든 기술적 발전으로 인해 개인이 편협한 뉴스 소비에서 벗어날 수 있는 가능성을 제공해 주었다고 주장하였는데, 소셜 미디어의 특징인 '좋아요' 혹은 '공유' 같은 기능을 통해 이용자들이 여러 종류의 관점에 노출된다고 주장하였다(Messing and Westwood 2014). 또한, 비택 외(Vitak et al. 2011)도 페이스북 이용과 정치참여 간의 관계 분석을 통해 소셜 미디어 이용이 정치참여를 증진 시킬 수 있다는 것을 경험적으로 보여 주었다. 예를 들어, 페이스북을 많이 사용하면 정치적 활동에 적극적으로 참여하는 친구들과 연결될 가능성이 높아지고, 이들의 정치활동을 보면서 스스로도 정치참여를 할 수 있다는 내적 효능감이 증가되면서, 정치활동에 적극적으로 참여하게 된다는 것이다. 뿐만 아니라 소셜 미디어는 정치인도 비교적 쉽고 간편하게 유권자들과 접촉할 수 있는 매체로 활용되고 있으며, 그 결과 정치인과 유권자들과의 소통이 과거보다 훨씬 활발하게 이루어지고 있다(금혜성 2011).

그러나 일부 학자들은 온라인상에서의 소셜 미디어 이용이 이용자 간의 정치적 갈등을 완화시키기 보다는 정치적 양극화를 심화시킬 수 있다고 주장한다(박상운 2014). 즉, 소셜 미디어를 통해 많은 소통을 하고 정치 정보를 교환하는 기회가 확대 되었음에도 불구하고 정치적 견해의 차이가 지속 또는 강화되고 있으며, 인터넷이 새로운 정치참여를 촉발하는 것이 아니라 기존의 신념이나 주장을 강화하는 방향으로 작동한다는 것이다. 실제로 1996년 이후 미국의 각종 선거에서는 인터넷을 이용한 각종 캠페인이 활발하게 벌어졌지만 정작 선거 관련 웹사이트에서는 대중적 토론이나 활발한 쌍방향적 토론이 이루어지지 않았다. 김(Kim 2011)은 정보에 대한 선택적 노출이 용이한 인터넷 매체의 특성으로 인해 소셜 미디어의 확산이 숙의 민주주의 발전을 오히려 저해할 것이라는 파편화 이론(fragmentation theory)을 주장하였다. 또한, 인터넷의 기술적 특성으로 인해 선택적 정보습득이 매우 용이하기 때문에 정치적 성향이 비슷한 끼리집단(like-minded people) 간의 정보교환이나 정치적 토론이 훨씬 활발하다는 것이다(Stroud 2008; Sunstein 2007). 특히 선스타인(Sunstein 2007)은 시민들이 인터넷을 통해 자신의 생각과 유사한 정보와 견해만 찾게 되고, 자신과 상반된 견해를 피하게 된다면 사회 양극화가 심해질 것이라고 우려하였다. 아이엔거와 한(Iyengar and Hahn 2009) 역시 실험 연구를 통해 이용자들이 자신의 정치적 견해와 일치하는 언론사를 찾는다는 결과를 보여 주었고, 하낙 외(Hannak et al. 2013)는 검색엔진과 소셜 미디어에서 증가하는 개인화로 인해 필터버블이 발생할 잠재적 가능성을 우려하였다.

특히 장덕진(2011)은 소셜 미디어가 자신의 성향과 비슷한 사람들과 관계를 형성한다는 점에서 정치 양극화를 심화시키는 요인으로 작용할 수 있으며, 소셜 미디어 안에서 자율적으로 사회적 관계망을 형성할 수 있기 때문에 자신과 동질적인 특성을 가진 사람들을 위주로 관계를 조직한다고 주장하였다. 소셜 미디어가 정치적 양극화 혹은 끼리집단 현상을 강화시킬 수 있다는 주장은 국내 연구에서도 발견된다. 신현기와 우지숙(2010)은 2010년 6·2 지방선거 기간 동안 트위터 메시지를 분석한 결과 자기와 다른 의견에 노출될 기회는 매우 적었고, 자기 의견에 대한 근거를 제시한 경우가 절반을 조금 넘었다는 결과를 보여 주었다. 강원택 외(2012) 또한 19대 총선 사례를 분석하여 소셜 미디어 상에서의 정치 토론이 한계가 있음을 보여 주었다. 미국 사례 또한 소셜 미디어가 여론의 양극화 현상을 야기한다는 것을 보여 준다. 예를 들어 2010년 미국 중간선거 기간에 트위터 네트워크를 조사한 결과, 리트윗의 경우에 정당 지지에 따라 강한 양극화를 보인다는 것을 발견하였다(Conover et al. 2011).

그렇다면 어떠한 사람들이 소셜 미디어를 정치참여에 적극적으로 이용할까? 바움가트너 외(Baumgartner, et al. 2010)에 따르면, 미국 젊은 세대의 소셜 미디어 이용이 정치 이메일 전달과 온라인 청원 서명과 같은 온라인 정치참여를 확대하는 효과가 있음을 실증적으로 보여 주었다. 베스트 외(Best et al. 2005)는 진보 성향의 유권자들이 온라인 참여에 보다 적극적이라고 주장하였다. 윌리엄스 외(Williams et al. 2009) 역시 민주당 후보들이 페이스북 활용에 더 적극적이었고, 민주당 기반 지역에서 젊은 유권자들의 지지를 동원하는 데 적극적으로 활용되었다는 것을 보여 주었다.

비록 소셜 미디어의 이용과 정치참여와의 관계에 대한 많은 연구들이

나오고 있고, 급속한 정보통신기술 발달과 함께 선거를 포함한 정치과정 전반의 변화에 대한 학자들의 관심이 높아지고 있지만 정당에 가입한 당원들의 적극적 소셜 미디어 활용이 선거와 정당 등 정치과정 전반에 어떠한 직접적인 영향을 미치는지를 다룬 연구는 여전히 부족한 실정이다. 전통적으로 당원은 정당을 구성하고, 당비를 통해 당 운영을 위한 재원을 충당하며, 정당의 정권획득이라는 목표를 위해 선거캠페인 활동을 벌이고, 유권자와의 연계를 통해 정당으로 그들을 동원하는 등 조직을 구성하고 정당성을 확보하는 중요한 역할을 수행한다(허석재 2019).

게다가, 정치과정에서 소셜 미디어의 적극적 활용이 소셜 미디어 이용자에 대한 정치적 동원을 통해 투표참여를 향상시키고 정치 효능감과 만족도를 증대시켜 전반적으로 정치과정의 효율성 증대에 이바지 할 것이라는 긍정적 효과를 기대하는 이면에는 디지털 디바이드(digital divide)의 심화나 가짜 뉴스 범람, 확증편향 강화 등 부정적 영향에 대한 우려 또한 큰 것이 현실이기 때문에 이 부분에 대한 연구 역시 필요하다. 따라서 본 논문에서는 온라인상에서 정당의 당원들은 어떠한 정치행태를 보이는지 실증적으로 살펴보고자 한다.

III. 온라인상에서 당원의 소셜 미디어 이용 행태

정당은 현대 민주주의 체제하에서 국가와 시민 사이를 연결하는 핵심적인 조직이기 때문에 정당의 구성원인 당원들이 어떤 사람들인가 하는 점은 민주주의의 작동에 있어서 중요하다고 할 수 있다. 비록 정당과 당원의 관계가 이전에 비해서 느슨해졌다고는 하지만(Scarrow 2015), 여전히 당원들은 정당 내에서 다양한 위원회를 구성하고 정당에 대한 심리적 애착심(psychological attachment)을 바탕으로 정당을 위해 다양한 활동을 한다. 예를 들어 정당 운영에 필요한 자금을 제공하거나 모금하고, 정당이 벌이는 각종 활동에 활발히 참여할 뿐만 아니라 일상생활 속에서 동료와 이웃들에게 정당이나 후보자에 대한 지지를 호소한다(허석재 2019). 특히 당원은 각종 결사체 조직에 소속되어 활동하는 비율이 일반 유권자에 비해 훨씬 높고, 정당과 유사한 가치를 공유할 뿐만 아니라 진보—보수의 이념 및 정책 선호에 있어서도 좀 더 양극화된 태도를 보여 주는 경향이 있다(강원택 2008).

최근에 유권자의 투표 행태를 연구하는 많은 정치학자들은 정당일체감(party identification)이 단지 이념적 스펙트럼만을 의미하는 것이 아니라 특정 정당에 대해 갖는 지속적인 정서적 일체감이자 마음 속에 깊이 내재된 가치를 의미한다고 주장한다(Iyengar and Westwood 2005; Green et al. 2004; Mason 2018). 또한 정당일체감은 투표 선택에 직접적인 영향을 미칠 뿐만 아니라 유권자가 정치정보를 접하게 될 때 인식의 선별 기제(perceptual screen)로 작용하여 개인들이 정치적 이슈에 대한 견해를 형성하는 데 결정적인 영향을 미치기도 하고, 개인이 수집하고 처리하고 반응하는 정보와 그들이 취하는 행동에 영향을 미치기도 한다고 주장한다(Campbell et al. 1960; Zaller 1992; Lenz 2013; Levendusky 2013; Achen and Bartels 2017; Margolis and Sances 2017). 특히 잴러(Zaller 1992)는 정당 지지자들은 자신들의 정당일체감에 일치하는 정보만을 선택적으로 선별하여 수용하는 경향이 있으며 새로운 정치정보가 나타나면 그 정보에 내재된 당파적 성향을 판단의 근거로 삼기 때문에, 결국 정당 지지자들의 정책 태도는 정당의 입장으로 조정된다고 주장한다.

일반적으로 당원은 일반 유권자나 정당 지지자와 비교해서 더 강한 정당일체감을 가지고 있다. 강원택(2008)에 따르면, 한국의 당원은 소속된 정당에 따라 이념적 동질성이 강하고 정당별로 상이한 이념을 보이기 때문에, 보수정당의 당원은 보수적 이념적 위치에, 진보 정당의 당원은 진보적 이념적 위치에 놓여있다. 또한 당원의 경우 정당뿐만 아니라 다른 결사체 활동도 활발하다는 특징을 가지고 있는데, 비당원에 비해 동창회, 향우회, 동호회, 자원봉사 등의 활동이 월등히 높아 집단 간의 융합을 통한 교량적 사회자본 네트워크(bridging social capital network) 또는 결속적 사회자본 네트워크(bonding social capital network)[2]를 생성하는 활동에 훨씬 더 많이 참여하는 것으로 나타났다(Putnam 2000; 허석재 2019).

그렇다면 온라인상에서 당원들은 소셜 미디어를 어떻게 이용할까? 장우영 외(2010)는 소셜네트워크 사용자가 비사용자에 비해 정치토론의 횟수가 많고 토론에서 자신의 의견을 적극적으로 표현하는 경향이 높다고 주장하였다. 또한, 트위터 이용 시간이 높고 팔로워 수가 많으며, 트윗 작성 개수가 많을수록, 사회정치 관련 인물이나 단체의 글을 많이 접할수록 참여의 수준이 높아졌다고 주장하였다. 일반적으로 정치에 관심이 있는 소셜 미디어 이용자들은 온라인상에서 서로 정보를 주고받으며 사회현안에 대해 토론할 뿐만 아니라 이 과정을 통해 그들만의 집단 정체성과 결속을 형성해 나가고, 현실에서는 집단적인 행동을 하기도 한다(Dalton and Sickle 2009). 더 나아가, 윤성이(2013)는 소셜네트워크 자체를 단순

---

2. 교량적 사회자본 네트워크는 조직 외부의 구성원들과의 연결 관계를 말하는 것으로 자신과 이질적인 사람들을 수용함으로써 새로운 정보나 지식에 접근할 수 있는 기회를 제공하는 것이고, 결속적 사회자본 네트워크는 유사한 배경과 특성을 가졌거나 조직 내부에 포함되어 있는 동질적 성향을 가진 구성원들과의 연결 관계를 말하는 것으로 긴밀한 유대 관계를 통해 정체성, 소속감, 공유된 가치를 제공한다(김종기 외 2012).

히 많이 사용한다고 해서 정치참여가 높아지는 것이 아니라 정치적으로 활용할 때 그 효과가 나타난다고 보았다. 그리고 비슷한 정치성향을 가진 유권자들 간의 끼리집단 현상이 나타나 소셜네트워크가 지지집단의 동원과 내부 결속강화의 도구가 될 수 있다고 주장하였다. 즉, 당원들이 정치 관련하여 자신의 생각 또는 의견과 유사한 정보만을 믿고 나누면서 자신의 믿음을 강화하게 되고, 결국은 자신과 비슷한 생각을 가진 사람들이 모인 곳에서 활동하면서 자신의 신념과 동일하지 않으면 중요한 정보로 취급하지도 않게 되는 것이다.

온라인상에서 나타나는 이러한 끼리집단 현상은 정보에 대한 선택적 노출로 인해 다양한 관점의 의견을 접할 수 있는 기회를 원천 차단하여 당원들의 확증 편향을 심화시킬 수 있다. 또한, 자신과 반대되는 의견에 대한 이해보다 배척이 앞서게 되어 이념적 편향성이 증가하고 자신의 이념적 성향과 일치하는 정보만 취합하여 만들어진 편향된 사고는 유사한 정치적 이념을 가진 사람들끼리 모여 그 안에서 확산되고 증폭되는 것이다. 따라서 본 논문에서는 소셜네티워크 안에서 나타날 수 있는 당원들의 '끼리집단 현상'의 원인을 경험적 데이터를 사용하여 분석해 보도록 하겠다.

Ⅳ. 데이터 및 방법론

본 연구는 명지대학교 미래정책센터와 한국리서치가 조사한 '2020년 당원 인식조사' 데이터를 사용하였다. 해당 설문조사는 2019년 2월 1일부터 15일까지 만 18세 이상 전국 성인 남녀 중에 정당에 당원으로 가입한 1,405명을 대상으로 CAWI(Computer Assisted Web Interview)방식으로 조사하였다. 본 연구에서는 당원이 온라인상에서 '끼리집단' 활동을 하였는지를 분석하기 위해 이항 로짓모델(binary logit model)을 사용하였고, 종속변수는 온라인상에서 당원들의 끼리집단 활동[3]을 하였으면 1로 그리고 활동을 하지 않았으면 0으로 구성하였다.

본 경험적 연구에서 사용된 핵심 독립변수로는 온라인상에서 당원들이 자신의 의견과 일치하는 뉴스나 정보만을 골라서 보는 선택적 노출 정도, 당원이 속한 정당에 대한 호감도, 선거에 대한 관심도, 사용하는 소셜 미디어 계정 개수, 소셜 미디어의 팔로워 수, 소셜 미디어를 하루에 평균적으로 이용하는 시간이다. 우선 온라인상에서 뉴스나 정보에 대한 선택적 노출은 1점(전혀 그렇게 하지 않음)부터 4점(항상 그렇게 함)까지 4점 척도로 이루어졌다. 또한 정당에 대한 호감도는 0점(본인이 속한 정당을 아주 좋아하지 않음)부터 10점(본인이 속한 정당을 아주 좋아함)까지 11점 척도로 구성되었고, 선거에 대한 관심도는 1(전혀 관심이 없음)부터 4(아주 관심이 많음)까지 4점 척도로 코딩하였다. 사용하는 소셜 미디어 계정의 개수는 1(가지고 있지 않음)부터 4(5개 이상)까지 4점 척도로 구성하였고, 소셜미디어의 팔로워 숫자는 1(50명 미만)부터 5(200명 이상)까지 5점 척도로 구성되었으며, 소셜 미디어를 하루 평균 이용하는 시간은 1(1시간 미만)부터 5(4시간 이상)까지 5점 척도로 구성되었다. 이 밖에 통제변수로는 성별, 나이, 정치 이념(진보-보수), 교육 정도, 소득 수준이 사용되었다. 본 연구의 통계분석에서 사용된 모든 변수들의 기술통계량은 〈표 1〉과 같다.

---

3. '끼리집단'이란 정치적 성향이 비슷한 사람들의 집단(like-minded people)을 의미하는 것으로, '끼리집단 활동'은 온라인상에서 소셜 미디어 사용 시 나와 정치 성향이 비슷한 주변 사람들 및 동료들과만 주로 네트워킹을 하는 행태를 의미한다.

<표 1> 종속변수와 독립변수의 기술 통계

변수	평균	표준편차	최소값	최대값	전체
끼리집단 활동 여부	0.572	0.495	0	1	1405
여성	0.384	0.486	0	1	1405
나이	47.320	12.256	18	84	1405
정치 이념	4.110	2.304	0	10	1405
교육 정도	3.534	0.948	1	5	1405
소득 수준	5.224	2.492	1	11	1397
소속 정당 호감도	7.295	2.454	0	10	1035
정보에 대한 선택적 노출	2.557	0.764	1	4	1405
소셜 미디어 개정 숫자	2.515	0.761	1	4	1405
소셜 미디어 하루 평균 사용시간	2.172	1.174	1	5	1332
소셜 미디어 팔로워 숫자	2.358	1.511	1	5	1332
선거 관심도	3.626	0.650	1	4	1405

V. 경험적 분석

〈표 2〉는 당원의 소셜 미디어 이용이 온라인상에서의 끼리집단 활동에 어떻게 영향을 미치는지를 통계적으로 보여 준다. 〈표 2〉의 회귀분석 결과를 보면, 온라인상에서 제공되는 정보에 대한 선택적 노출을 많이 하는 당원의 경우에 끼리집단 활동을 하는 경향이 높다는 것이 통계적으로 유의미하게 확인되었다. 사실 선택적 노출 현상은 이념적 가치가 부여된 정보에 대해 더욱 빈번하게 발생하는 경향이 있는데, 개인의 이념 성향 및 강도 등에 따라 그 정도가 다르게 나타난다(Donsbach 1991). 특히, 정치적 성향이 강한 사람에게서 선택적 노출 경향이 더욱 강하게 드러나게 되며(Iyengar and Hahn 2009), 정치적 주관이 강한 사람들은 보다 적극적으로 자신과 정치적 성향이 유사한 집단과 네트워크를 이루고자 한다(Stround 2008). 이처럼, 정치적 가치가 부여된 정보와 개인의 정치적 성

〈표 2〉 당원의 소셜 미디어 이용이 온라인상의 끼리집단 활동에 미치는 영향

	계수 (표준오차)
여성	0.064 (0.155)
나이	−0.003 (0.006)
정치 이념 (진보-보수)	0.104* (0.035)
교육 정도	0.021 (0.081)
소득 수준	0.035 (0.031)
선거 관심도	0.486** (0.132)
정보에 대한 선택적 노출	1.096** (0.110)
소속 정당에 대한 호감도	0.090* (0.033)
소셜 미디어 이용 갯수	−0.040 (0.115)
소셜 미디어 하루 평균 이용 시간	0.158* (0.071)
소셜 미디어의 팔로워 수	0.046 (0.052)
상수	−5.784** (0.752)
N	977
Log-likelihood	−566.993

주: 종속변수는 온라인상에서 당원들의 끼리집단 활동 여부 (1=구성함, 0=구성하
   지 않음)로 이항 로짓 분석을 사용하였다.
**p<0.01, *p<0.05, +p<0.1

향이 복합적으로 작용함으로써 선택적 노출 행위가 유발된다고 볼 수 있으며, 이는 곧 정치적 양극화의 심화 가능성을 의미하는 것이기도 하다. 특히 당원은 일반 대중에 비해 정치적 성향이 강하고 정치적 주관이 강한 편이다. 그렇기 때문에 좀 더 선택적 노출을 하는 경향이 높고 이러한 행위가 결국 정치적 양극화를 야기하는 끼리집단 활동으로 이어질 수 있다고 생각된다.

또한 소셜 미디어를 하루 평균 이용하는 시간이 긴 당원일수록 그리고 당원들이 선거에 관심이 많을수록 자신의 정치적 견해와 같은 사람들과만 소통하는 경향이 있다는 것이 통계적으로 검증되었다. 흥미로운 점은 진보 성향의 당원보다는 보수 성향의 당원일수록 끼리집단 활동을 하는 경향이 더 높은 것으로 나타났다. 이러한 현상은 〈그림 1〉에서 보는 바와 같이 더불어민주당의 당원들보다 미래통합당의 당원들이 소셜 미디어를 이용하여 정치 관련 글이나 댓글을 작성하는 등의 의사표현을 좀 더 적극적이고 빈번하게 하는 것으로 나타났기 때문에, 보수 성향의 당원들이 동일한 정치이념을 공유하는 사람들끼리의 집단이나 커뮤니티 구성에도 좀 더 적극적이었을 것이라고 생각할 수 있다. 추가로, 성별, 나이, 교육 정도, 소득 수준과 같은 인구통계학적 변수들은 온라인상에서 당원들의 끼리집단 활동에 별다른 영향을 미치지 못한 것으로 보인다.

종합해 보면, 온라인상에서 당원들이 이념적으로 더 보수적일수록, 선거에 관심이 많을수록, 정치정보에 대한 선택적 노출 경향이 높을수록, 그리고 소셜 미디어를 이용하는 하루 평균 시간이 길수록 온라인상에서 자신의 이념과 같은 사람들과만 소통하고 교류하는 끼리집단 활동을 할 가능성이 높은 것으로 나타났다.

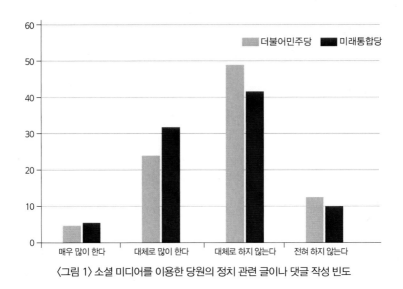

〈그림 1〉 소셜 미디어를 이용한 당원의 정치 관련 글이나 댓글 작성 빈도

VI. 결론

인터넷의 발달과 급속한 정보화로 인해 소셜 미디어는 기존의 단순한 친목 도모의 수단에서 발전하여 정치적 동원과 선거 캠페인의 수단으로까지 사용되고 있으며, 최근에는 소셜 플랫폼 관련 기술의 진화와 뉴스 소비 매체로서 소셜 미디어를 사용하는 이용자들의 행태 변화로 인해 현대 정치과정에서 가장 영향력 있는 매체로 부상하고 있다. 특히 소셜 미디어를 통해 시민들은 선거 및 후보자에 대한 정보를 얻는 한편, 각종 정치적 이슈에 대한 의견을 쉽게 공유할 수 있게 되었으며 그 영향은 즉각적이고 광범위하게 나타나고 있다. 따라서 소셜 미디어는 언제 어디서나 정치적 소통과 참여가 가능한 환경을 제공해 특정 사안에 대한 의사표시나 정치 참여를 용이하게 하고 자신과 유사한 정치적 견해를 가진 사람들을 연결 시키고 조직화한다는 점에서 그 영향력이 증대되고 있다.

비록 소셜 미디어의 이용이 정보확산과 정치참여에 긍정적인 영향을 미치기도 하지만, 부정적인 영향도 배제할 수 없다. 소셜 미디어 상에서 가장 크게 제기되는 문제가 바로 편향성인데, 소셜 미디어를 통해 다양한 사람들과 교류하고 새로운 정보를 얻는 대신 비슷한 사람들끼리의 결속이 강화되어 집단행동(collective action) 문제를 해결하기 어렵게 하거나(Page 2007) 이념적 양극화를 강화하여 사회의 분열을 심화시키기도 한다(Sunstein 2007). 이처럼 소셜 미디어는 다양한 정치적 견해가 자유롭게 유통되면서 합의점을 찾아가는 열린 공간이 아닌, 기존의 정치적 견해를 공유하는 사람들끼리의 연결이 강화되고 그 결과 사람들의 정치적 신념의 변화 가능성이 사라지는 폐쇄적 공간이 된 것이다(Bimber 1998; Bimber and Davis 2003; Kushin and Kitchener 2009).

소셜 미디어에 대한 당원의 끼리집단 활동의 영향을 경험적으로 분석한 결과에 따르면, 온라인상에서 당원들이 이념적으로 더 보수적일수록, 선거에 관심이 많을수록, 정치정보에 대한 선택적 노출 경향이 높을수록, 그리고 소셜 미디어를 이용하는 하루 평균 시간이 길수록 온라인상에서 자신의 이념과 같은 사람들과만 소통하고 교류할 가능성이 높은 것으로 나타났다. 이러한 분석결과는 인터넷 커뮤니티 또는 소셜 미디어의 사회관계망 안에서 당원들이 자신의 생각 및 의견과 유사한 정보만을 믿고 나눌 때, 정치 정보의 선택적 노출로 인한 확증 편향을 강화시키고 결과적으로 양극화된 정치 태도로 이어진다는 사실을 뒷받침한다고 할 수 있다.

지금까지 한국정당 연구는 정당체계, 정당 조직과 정당을 둘러 싼 외부 환경 등에 대한 연구가 주종을 이루게 되었기 때문에 당원의 특성 자체를 분석한 연구는 미흡하였다. 특히 당원에 대한 체계적인 데이터가 부족하였기 때문에 당원의 실체가 제대로 파악되지 못하였고 당원의 역할이 정당 활동 속에서 정립되지 못하였다. 이러한 측면에서 본 연구는 정당 내부의 주요 행위자인 당원의 행태에 초점을 맞추어 실증적으로 분석하였다는 점에서 학술 및 정책적 함의를 찾을 수 있다.

참고문헌

강원택. 2008. "한국 정당의 당원 연구." 『한국정치학회보』 42(2), 109-128.

금혜성. 2011. "정치인의 SNS 활용: 정치적 소통 도구로서의 트위터." 『한국정당학회
보』 10(2), 189-220.

김종기·김진성·뢰정첩. 2012. "소셜 네트워크 서비스가 사회적 자본에 미치는 영향."
『정보시스템연구』 21(3), 163-186.

신소연·이상우. 2012. "트위터와 페이스북 이용자들이 형성하는 사회자본 유형이 정치
참여에 미치는 영향." 『사이버커뮤니케이션학보』 29(4), 191-232.

신현기·우지숙. 2011. "트위터에서 일어나는 정치적 담론활동에 대한 탐색적 연구:
2010년 6·2 지방선거관련 트윗글 내용 분석을 중심으로." 『언론과사회』 19(3),
45-76.

윤성이. 2013. "SNS 정치참여 연구 동향." 『정보화 정책』 20(2), 3-19.

이소영. 2012. "웹2.0시대 온라인 미디어의 정치적 역할." 『동서연구』 24(2), 89-116.

장덕진. 2012. "트위터 누가 누구와 왜 어떻게 하나." 조화순 편. 『소셜네트워크와 정치
변동』 서울: 한울 아카데미.

탁진영. 2011. "지역 선거의 젊은 유권자 참여확대에 관한 연구: SNS 활용을 중심으로."
『사회과학논총』 30(1), 313-342.

한규섭·이혜림. 2012. "소셜 미디어는 온라인 공론장인가?" 조화순 편. 『소셜네트워크
와 정치변동』 서울: 한울 아카데미.

황유선. 2011. "트위터 이용이 사회정치참여에 미치는 영향: 전통 미디어 이용, 정치 관
심, 트위터 이용 패턴의 효과를 중심으로." 『한국언론학보』 55(6), 57-77.

홍주현·이창현. 2012. "트위터에서 형성된 정치적 의견 분석을 통한 분화된 공중 연구:
10·26 서울시장 재보궐 선거를 중심으로." 『한국언론정보학보』 59, 138-161.

허석재. 2019. "누가 당원으로 가입하나?" 정수현·윤종빈 편 『한국의 당원을 말하다』
서울: 푸른길.

Achen, C.H., and L. M. Bartels. 2017. Democracy for Realists: Why Elections do not

Produce Responsive Government. Princeton Univ. Press.

Baumgartner, J. C. and J.S. Morris. 2010. "Social Networking Web Sites and Political Engagement of Young Adults." *Social Science Computer Review.* 28(1), 24-44.

Benkler, Y. 2006. *The Wealth of Networks: How Social Production Transforms Markets and Freedom.* Yale University Press.

Bimber, Bruce. 1998. "The Internet and Political Transformation: Populism, Community, and Accelerated Pluralism." *Polity.* 31(1), 133-160.

Bimber, Bruce A., and Richard Davis. 2003. *Campaigning Online: the Internet in U.S. Elections.* Oxford University Press.

Campbell, A., P. E. Converse, W.E. Miller, and D.E. Stokes. 1960. *The American Voter.* University of Chicago Press.

Converse, P. E. 2006. "The nature of belief systems in mass publics(1964)." *Critical Review.* 18, 1-74.

Conover, M., J. Ratkiewicz, M. Francisco, B. Gonçalves, A. Flammini, and F. Menczer. 2011. "Political polarization on twitter." In Fifth International AAAI Conference on Weblogs and Social Media. 89.

Donsbach, W. 1991. "Exposure to political content in newspapers: The impact of cognitive dissonance on readers' selectivity." *European Journal of Communication.* 6, 155-186.

Freezell, J. T. and M. Conroy, and M. Guerrero. 2009. " Facebook is… Fostering Political Engagement: A Study of Online Social Networking Groups and Offline Participation." Paper presented to the Annual Meeting of the American Political Science Association. Toronto, Canada.

Green, D. P., B. Palmquist, and E. Schickler. 2004. *Partisan Hearts and Minds: Political Parties and the Social Identities of Voters.* Yale University Press.

Hannak, A., P. Sapiezynski, A. Molavi Kakhki, B. Krishnamurthy, D. Lazer, A. Mislove, and C. Wilson. 2013. "Measuring personalization of web search." In Proceedings of the 22nd International Conference on World Wide Web. Republic and Canton of Geneva, Switzerland: International World Wide Web Conferences Steering Committee.

Iyengar, S. and K.S. Hahn. 2008. "Red media, bule media: Evidence of ideological selectivity in media use." *Journal of Communication.* 59(1), 19-39.

Iyengar, S., and S.J. Westwood. 2015. "Fear and loathing across party lines: New evidence on group polarization." *American Journal of Political Science.* 59, 690-707.

Kim, Yonghwan. 2011. "The contribution of social network sites to exposure to political difference: The relationsips among SNSs, online political messaging, and exposure to crosscutting perspectives." *Computers in Human Behavior.* 27, 971-977.

Kushin, Matthew J. and Kelin Kitchener. 2009. "Getting Political on Social Network Sites: Exploring Online Political Discourse on Facebook." *First Monday.* 14(11), 1-16.

Lenz, G.S. 2013. *Follow the Leader?: How Voters Respond to Politicians' Policies and Performance.* University of Chicago Press.

Levendusky, M. 2013. *How Partisan Media Polarize America.* University of Chicago Press.

Mason,L. 2018. *Uncivil Agreement: How Politics Became our Identity.* University of Chicago Press.

Margolis, M. F., and M. W. Sances. 2017. "Partisan differences in nonpartisan activity: The case of charitable giving." *Political Behavior.* 39, 839-864.

Messing, S., and S. J. Westwood. 2014. "Selective exposure in the age of social media." *Communication Research.* 41, 1042-1063.

Page, Scott E. 2007. *The Difference: How the Power of Diversity Creates Better Groups, Firms, Schools, and Societies.* Princeton University Press.

Putnam, Robert D. 2000. *Bowling Alone: The Collapse and Revival of American Community.* Simon & Schuster.

Scarrow, S. E. 2015. *Beyond Party Members.* Oxford University Press.

Smith, S. M., L. Fabrigar, and M.E. Norris. 2008. "Reflecting on six decades of selective exposure research: Progress, challenges and opportunities. *Social and Per-*

sonality Psychology Compass. 2, 464-493.

Stroud, N. J. 2008. "Media use and political predispositions: Revisiting the concept of selective exposure." *Political Behavior.* 30, 341-366.

Sustein, C. R. 2007. *Republic.com 2.0.* Princeton University.

Valenzuela, S., N. Park, and K.F. Kee. 2009. "Is there social capital in a social network site? Facebook use and college students'life satisfaction, trust, and participation." *Journal of Computer-Mediated Communication.* 14, 875-901.

Vitak, J., P. Zube, A. Smock, C.T. Carr, N. Ellison, and C. Lampe. 2011. "It's Complicated: Facebook Users' Political Participation in the 2008 Election." *Cyberspychology, Behavior, and Social Networking.* 14(3), 107-114.

Williams, C. B. and G. J. Gulati. 2009. "The political impact of Facebook: Evidence from the 2006 elections and the 2008 nomination contest." in Panagopoulos, C. (ed.), *Politicking online: the transformation of election campaign communications.* Rutgers University Press.

Zaller, J. R. 1992. The Nature and Origins of Mass Opinion. Cambridge Univ. Press,

Gil de Zúñiga, Homero, Logan Molyneux, and Pei Zheng. 2014. "Social Media, Political Expression, and Political Participation: Panel Analysis of Lagged and Concurrent Relationships." *Journal of Communication.* 64(4), 612-632.

제2장

당원과 온라인 활동

장우영 · 송경재

대구가톨릭대 · 상지대

I. 들어가며

　대의민주주의 정체(polity)에서 정당은 가장 중요한 정치적 중개집단이다. 미국 건국의 아버지인 메디슨(Madison)이 정당과 그 파벌이 갈등을 증대시키고 사회통합을 파괴할 것을 우려했지만, 그만큼 정당이 현대 정치과정에서 차지하는 권능과 역할을 부인하기는 어렵다(헤이우드 2003). 이는 일찍이 정당은 현대정치의 생명선이라고 언명한 노이만(Neumann 1956)의 통찰과 일맥상통한다. 이러한 정당의 권능은 무엇보다 지지자와 기간조직을 기반으로 이념과 사회집단의 구분을 (재)조직하여 공식적인 정부 제도들과의 관계를 구조화하는 중개기능에서 비롯된다.

　그동안 조직(organization)으로서의 정당에 관한 연구는 대중정당, 포괄정당, 선거전문가정당, 원내정당 등 서구 정당모델을 중심으로 그 논의의 폭과 깊이가 확대되어 왔지만, 정당을 구성하고 운영하는 멤버십(membership)에 관한 연구는 상대적으로 지체되었던 것이 사실이다. 더욱이 사회 구조와 환경의 변화에 따른 정당체제의 유동성(volatility) 증대로 인한 유권자 지지의 변화는 물론 정당 내적으로도 당원 연구의 중요성은 더욱 커지고 있다(김진주 2020). 특히 정보화의 발전으로 다양한 온라인 커뮤니케이션 채널을 매개한 정치과정이 역동적으로 전개되면서 정당 관료조직과 당원과의 관계는 과거 위계적 일방적 동원 관계를 해체하는 양상이 가속화되어 왔다(장우영·송경재 2010). 나아가 정당의 존재 이유와 사회정치적 기능의 무게중심이 대표에서 집권으로 현저하게 이동하고 있는 현대정치의 특성상, 선거캠페인을 축으로 한 공직후보 선출과 팬덤(fandom)이 핵심 정치자원으로 활용되며 당원의 역할이 재조명되고 있다(금혜성·송경재 2013).

이 연구는 이러한 변화에 주목하여 정보화 환경에서 나타나는 당원 활동의 특성과 그것이 당내민주주의에 미치는 영향을 분석하고자 한다. 알려져 있듯이 이미 국내외 대부분의 정당들은 공직후보 선출과 주요 정책 결정과정에서 온라인을 활용한 정당 활동을 제도화하고 참여를 적극적으로 추동하고 있다. 단적으로 과거 체육관에서 진행되던 전당대회는 온라인과 현장에서 동시에 진행되고 있으며, 온라인 미디어 생태계를 반영하여 모바일과 소셜 미디어를 활용한 정치커뮤니케이션과 투표참여로 이어지고 있다(송경재 2007; 장우영 2013; 최영재 2018; 이미나·신지희 2019). 앞서 말한 바와 같이 이는 정당 기능의 초점이 대표하는 것에서 집권하는 것으로 명료하게 이동하는 현상이 두드러지고 있는데, 우리사회의 경우 민주화와 정보화가 교차하기 시작한 지점에서 가시화되었다. 즉 민주주의 이행과 여야 간 권력교체가 실현된 이후 정보화가 급속히 진행되는 국면에서 정당의 국민참여경선, 온라인 커뮤니티와 정치적 팬덤, 인터넷 선거캠페인 등이 정치과정을 재구조화하는 양상이 지속되어왔다(장우영·송경재 2020).

이러한 정당정치의 내외부적 현실 변화와는 달리 정치과정 재구조화의 주요 기제인 당원의 온라인 정당 활동에 대한 분석은 거의 진행되지 못하고 있다. 가령 당원들의 인식조사를 활용하여 정당 활동에서의 행태적 특성이나 정치효능감(political efficacy)에 주목한 일부 연구들이 있긴 하나, 그 과정에 개입된 온라인 효과(online effect)에 초점을 맞춘 분석의 성과는 거의 발견되지 않는다. 가령 2000년대 이래 각 정당은 전자정당(e-party)과 같은 현대화 전략을 추구하며 다양한 플랫폼을 발전시켜왔는데, 정당 내부적으로도 선거백서 외에 당원의 온라인 활동에 대한 체계적인 조사와 분석이 거의 이루어지지 않은 것이 현실이다. 이렇듯 학계와 현장에서 온라인 매개 정당정치의 쟁점적 이슈와 당원 활동의 현황이 체계적으로 조사·분석되고 있지 않은 현실은 사회적·학문적 결손으로 이어질 것이 자명해 보인다. 이러한 맥락에서 이번 연구조사에서 정당의 당원과 온라인 활동에 관한 분석자료를 제시한 것은 각별한 의미를 지닐 것으로 기대된다.

이 연구는 온라인 정당정치에서 나타나는 당원 활동의 특성과 당내민주주의에 미치는 영향을 실증적으로 분석하고자 한다. 이를 위하여 명지대학교 미래정책센터가 2020년 8월 시행한 당원 대상 설문조사자료를 활용한다. 분석의 절차적 완성도와 결과적 설명력을 기하기 위하여 심층면접(in-depth interview)과 같은 정성적 방법을 부가하지 못한 점이 아쉽긴 하나 후속 논의와 연구를 통해 충실히 보강될 것으로 기대한다.

II. 당원의 온라인 활동

정보화 환경에서 당원의 위상과 역할은 부침을 거듭해 왔다. 많은 연구들이 지적해 왔듯이 오늘날 대의민주주의 사회에서 나타나는 정당일체감의 약화와 정당체제 유동성의 증대는 정당의 고정된 정치 기반이 형해화되었거나 정치적 허구일 수 있음을 뜻한다. 한국사회의 경우에도 민주화 이후 잦은 권력교체가 시사하듯이 부동층이 선거 결과를 좌우하는 양상이 두드러지고 있다. 특히 온라인 미디어의 등장으로 정치적 소통이 평등화되고 정치담론이 일상에서 과잉됨으로써 기성 정당의 반응 또한 기민하게 나타나고 있다. 이로 인해 정당에 대한 시민감시와 투명성 증대 및 책임정치 발전의 선순환을 기대할 수 있는 반면, 부유하는 지지층을 포획하기 위한 정당 문호의 개방이 포퓰리즘의 발흥과 당내민주주의의 약화를 초래할 가능성 또한 내포하고 있다.

스미스(Smith 1998)는 정보화 환경에서 나타나는 정당정치의 특징을 ICTs/Leadership정당으로 설명한다. ICTs/Leadership정당은 유력 정치인과 공직후보가 정당의 관료조직을 대체하고, 유권자와의 조직적 커뮤니케이션보다는 지지층과의 개별적 접촉이 더욱 활성화되어 선거머신(electoral machine)으로서의 조직적 경향성이 심화되는 현상을 반영한다. 한국사회의 경우 인터넷 이용자가 2000만 명 이상으로 팽창하기 시작한 2000년대에 접어들어 정치과정과 공직선거에서 이러한 현상이 고착되었다. 즉 개방형 국민경선과 인터넷 선거운동이 개막된 16대 대선 이래 정당 또는 정파의 지지층에 기반한 온라인 네트워킹과 캠페인이 득세하기 시작하여 점차 1인 미디어와 모바일을 활용한 정치 전략으로 이어져 왔다(장우영 2013, 2014, 2017).

주지하듯이 세계 각국의 정당들 또한 유권자 연계와 당내 의사 결정에서 온라인 채널이 상설적으로 활용되고 있는데, 정치정보 전달의 창구로 PC와 스마트폰을 활용해 홈페이지뿐만 아니라 블로그, 유튜브, 인스타그램, 페이스북, 트위터 등 소셜 미디어 계정을 운영하고 있다. 가령 미국의 공화당과 민주당은 이미 전국위원회 등 다양한 홈페이지와 소셜 미디어 계정을 활용한 정당 활동을 촉진하고 있다. 2013년 7월 참의원(상원) 선거를 앞두고 인터넷 선거운동 허용 인터넷 선거운동이 늦게 허용된 일본에서도 자민당을 위시하여 제도권 정당들이 적극적으로 온라인 정당 활동을 펼치고 있다. 나아가 1인 미디어 기반의 온라인 채널은 단순히 국민과의 소통과 공직후보 선출과 정책 결정을 위한 플랫폼으로만이 아니라 정치와 국민을 당원들이 연계해 줄 수 있는 공간이자 당원으로서 권리와

의무를 수행하기 위한 공간(플랫폼)으로 진화하고 있다. 실제 정당 내의 토론방과 다양한 정책제안 공간을 운영하고 있어 온라인 정당 활동의 범위는 대단히 광역화되고 있다(송경재 2007).

이와 같은 온라인 정당 활동은 정보통신기술의 발전을 반영하여 다양한 층위에서 이루어지고 있다. 정보통신기술의 활용이 역동적으로 전개되면서 정당 활동의 세분화도 진행되어 온라인 기반의 정당 활동은 더욱 확장되고 있다(장우영·송경재 2010). 이 글에서는 온라인 정치활동을 5가지 층위로 조작적으로 구분하였다. 세부적으로 부연하면 참여의 액티비티 수준을 고려하여 당원의 다양한 온라인 정당 활동을 측정하기 위한 지표로 세분화했다. 이 연구에서는 〈표 1〉에 제시한 바와 같이 당원의 온라인 활동은 단순 접촉 빈도, 정보 습득, 의견 반응, 의견 개진, 공직후보 선출을 위한 투표 참여 등 분류 가능한 수준을 포함한다. 특히 한국사회의 온라인 참여는 세계 최상위권에 속해 있을 뿐만 아니라, 국민의 80% 이상이 스마트폰을 매개한 모바일 생태계를 구축하고 있기 때문에 당원의 정당 활동 또한 타 국가들에 비해 훨씬 더 역동적으로 전개될 개연성을 가지고 있다.

연구에서 분석할 당원의 온라인 정당 활동 층위는 미국의 온라인 정

〈표 1〉 당원의 온라인 활동 측정

문항	척도
1. 소속 정당의 인터넷 홈페이지나 소셜 미디어 방문 여부와 횟수	명목척도와 리커트 척도
2. 홈페이지나 소셜 미디어 상의 정보 습득	리커트 척도 (likert scale)
3. 이메일을 통한 질문이나 게시판에서의 댓글 달기	리커트 척도 (likert scale)
4. 이메일이나 게시판을 통한 정책제안이나 의견제시	리커트 척도 (likert scale)
5. 인터넷이나 소셜 미디어를 통한 투표	리커트 척도 (likert scale)

당 활동과 선거운동 참여단계를 모델링한 풋과 스나이더(Foot and Schneider 2006)의 온라인 정치참여 단계를 준용하여 재구성하였다. 풋과 스나이더는 온라인 정당 활동과 웹캠페인을 위한 정당과 후보 홈페이지 분석을 위하여 정보제공(informing), 연계(connecting), 참여(involving), 동원(mobilizing)의 단계를 분류하였다. 이 글에서는 온라인 당원 활동을 측정하기 위해 다음과 같이 각 층위별 문항을 설계하였다.

첫째, 소속 정당의 인터넷 홈페이지나 소셜 미디어 방문 횟수를 측정했다. 이는 가장 낮은 수준의 온라인 정당 활동으로 방문을 명목척도와 리커트 척도로 측정했다. 둘째, 홈페이지나 소셜 미디어상의 정보습득은 당원이 정당 활동을 하기 위한 정보제공(informing)이라고 할 수 있다. 정치정보를 습득하는 방편으로 홈페이지와 소셜 미디어를 이용하는 것은 온라인 정당 활동에서 일상화되어 있다. 세부 지표는 리커트 척도로 측정했다. 셋째, 이메일을 통한 질문이나 게시판에서의 댓글 달기로서 온라인 활동에서 연계(connecting) 단계라고 할 수 있다. 온라인을 통한 상호작용의 초기 단계로 리커트 척도로 측정했다. 넷째, 이메일이나 게시판을 통한 정책 제안이나 의견 제시는 적극적인 참여(involving) 단계라고 할 수 있다. 이는 정보제공과 연계를 통해 적극적인 참여 단계로 발전하는 것을 뜻한다. 마지막으로 인터넷이나 소셜 미디어를 통한 투표 참여는 실질적인 당원의 권리를 행사하는 것이다. 이는 온라인 정당 활동에서 가장 높은 수준의 참여를 의미한다.

이상의 논의를 바탕으로 이 글에서는 다음과 같은 가설을 설정하였다. 각 가설은 당원의 온라인 정당 활동의 특징을 파악하고 정당충성도, 사회경제적 배경, 정당일체감 등을 독립변인으로 투입하여 당원의 온라인 정당 활동과 당내 민주주의에 관한 평가 등을 측정하고자 했다. 분석을 통해서 한국의 온라인 정당 활동을 누가 참여하고 정당일체감, 사회경제적 배경과 온라인 정당 활동의 차이 그리고 당내 민주주의에 관한 실태를 파악할 수 있을 것이다.

가설 1: 당원의 온라인 정당 활동은 사회경제적 변인별로 차이가 있을 것이다.

가설 2: 당원의 정당 충성도에 따라 온라인 정당 활동 참여는 차이가 있을 것이다.

가설 3: 당원의 사회경제적 배경에 따라 온라인 정당 활동 참여의 차이가 있을 것이다.

가설 4: 당원의 정당일체감, 온라인 정당 활동, 사회경제적 배경에 따라 당내 민주주의에 관한 평가가 다르게 나타날 것이다.

Ⅲ. 분석과 토의

1. 누가 당원으로 정치활동을 하는가?

이번 설문조사에서 분석 표본으로 추출된 당원은 1,443명이다. 표본집단인 당원 구성비를 살펴보면, 성별로는 남성이 817명(56.6%)으로 여성 626명(43.4%)보다 많았다. 이는 한국 당원 활동을 하는 성별 비중에서 남성당원의 비중이 높다는 것을 의미한다. 여성이 남성보다 약간 많은 전국민 인구 구성비를 고려한다면 한국의 정당 활동의 주요 비중은 남성이 다수를 차지하고 있음을 확인할 수 있다.

그리고 주로 고연령층의 정당 활동 비중이 컸다. 실제 60대 이상이 가장 많은 458명(31.8%)이고, 그 뒤를 50대(24.2%), 40대(20.4%), 30대 (14.3%) 이었다. 이는 한국의 정당 활동에 참여하는 당원이 노령화되어 있으며, 주로 50대와 60대 비중이 높음을 알 수 있다. 실제 50대와 60대만의 비중이 전체 당원 중에서 56.0%로 절반이 넘고 있다. 이에 비해 젊은 세대의 정당 활동은 참여가 저조한 것으로 나타났다. 조사에서도 18~29 세의 당원은 135명(9.4%)에 미치지 못한 것으로 집계되어 세대별 격차가 큰 것을 확인할 수 있다.

한편, 학력은 대졸(2~4년제)이 966명(66.9%)로 전체 당원 중에서 2/3 이 넘음을 확인할 수 있다. 그리고 대학원 졸업 이상도 162명(11.2%)까지 포함한다면, 대졸 이상의 고학력자들이 주로 정당 활동에 참여하고 있음을 알 수 있다. 고학력자들의 정당 활동 참여는 선행 연구자들이 규명한 바와 같이 학력이 정치참여에 중요한 변임을 확인할 수 있다(Diamond 1999; Lipset 1960). 반면 고졸 이하의 당원은 315명(21.9%)에 불과했다.

다음으로 당원의 가구소득을 살펴보았다. 가구소득은 연령이나 학력과 달리 큰 차이는 발견되지 않았지만, 중산층 이하의 당원이 많았다. 실제 여론조사 결과를 살펴보면, 가구소득은 200~300만 원 미만 258명 (17.9%), 400~500만 원 미만 235명(16.3%), 300~400만 원 미만 225명 (15.6%), 200만 원 미만 208명(14.4%)로 나타났다. 가구소득 기준으로 중산층 이하의 시민들이 당원 활동을 하고 있음을 확인했다.

이상의 내용을 종합하면 한국사회에서 당원은 주로 남성, 고연령, 고학력 및 소득 기준으로 중산층과 그 이하가 적극적으로 정당 활동에 참여하고 있다고 할 수 있다. 이와 같은 당원의 사회경제 구성비는 실제 모집단인 일반 시민들의 사회경제 구성비와 큰 차이가 있다. 이 차이는 실제 국민들의 이해와 요구를 정당에서 수렴하는데 긍정적인 기능보다는 일부

<표 2> 당원 표본 요약

구분		빈도	비율(%)	비고
합계		1,443	100.0	
성	남성	817	56.6	평균 1.4337 표준편차 .49575
	여성	626	43.4	
연령	만18~29세	135	9.4	평균 3.5468 표준편차 1.31587
	30대	207	14.3	
	40대	295	20.4	
	50대	349	24.2	
	60대 이상	458	31.8	
학력	고졸 이하	315	21.9	평균 1.8936 표준편차 .56533
	대졸(2~4년제)	966	66.9	
	대학원 졸업 이상	162	11.2	
소득	200만 원 미만	208	14.4	평균 3.7572 표준편차 1.92726
	200~300만 원 미만	258	17.9	
	300~400만 원 미만	225	15.6	
	400~500만 원 미만	235	16.3	
	500~600만 원 미만	173	12.0	
	600~800만 원 미만	192	13.3	
	800만 원 이상	152	10.6	

집단의 '과대대표(overestimate) 현상'이 나타날 가능성이 있다. 정당이 모든 계층을 대표할 수는 없지만 다양한 지지층을 확보하기 위한 정당의 캐치올(catch-all) 전략을 전제하면 대표성을 강화할 필요가 있다.

이에 대해서는 후술하겠지만 당원의 일부 집단의 과대대표는 정책 결정에서 균형성과 민주주의 대표성의 문제가 존재한다. 실제 선행연구에서도 허석재(2019)는 사회경제적 특성에 있어 남성일수록, 연령이 증가할수록 당원에 가입할 가능성이 크며, 농·어업, 자영업자·비정규직의 비율이 높은 것으로 분석했다. 그리고 김영태(2009)도 이념적인 차원에서 당원이 일반 국민보다 이념적 분극화가 강하다고 분석했다. 이러한 선행연구 결과는 일반 국민들과 당원들의 사회경제적 구성비가 달라서 나타난 괴리 현상이라고 할 수 있다. 이러한 괴리의 확대는 장기적으로 일반 국민과 정당 간의 연계성을 약화할 수 있다는 점에서 고민해볼 여지가 적지 않다.

2. 당원의 온라인 정당 활동

다음으로 살펴볼 것은 당원의 온라인 정당 활동 차이이다. 연구가설은 당원이면서 소속 정당의 홈페이지나 소셜 미디어 계정을 방문한 경험이 있는지를 측정했다. 가설을 검증하기 위한 방법론은 교차분석(cross-tabulation analysis)을 수행하였다.

정보화가 고도화됨에 따라 전 세계적으로 주요 정당은 기본적인 정당 활동에서 오프라인 활동에 비해 온라인 정보활동 비중이 더욱 크게 증가하는 추세이다(Gibson, Nixon and Ward 2003; Cunha, Martin, and Ramiro 2003; 송경재 2007). 그러나 분석 결과를 살펴본다면 당원들의 온라인 정당 활동 비중은 예상보다 낮은 것으로 나타났다. 즉 소속 정당의 홈페이지나 소셜 미디어 계정에 방문하지 않았다는 응답이 25.3%로써 약 1/4의 당원이 소속 정당의 온라인 활동에 참여하지 않은 것으로 나타났다. 특히 이 연구에서는 온라인 정당 활동의 기준을 매우 낮게 측정했음에도 소속 정당의 홈페이지나 소셜 미디어 방문이 없다는 비중이 매우 높은 것으로 나타났다.

이러한 결과는 인터넷 접속 비중이 높아지는 정보사회에서 정당의 온라인 활동이 점차 중요해지는 시대적인 추세에 비해 상당히 낮은 수준이다. 그뿐만 아니라 사회 전 영역에서의 온라인 사용 비중과 비교해 보아도 당원들은 온라인 정당 활동과 비교해 오프라인 활동 지향성이 매우 강한 것으로 해석할 수 있다.

세부적인 교차분석 결과 성별, 연령별로는 차이가 발견되지만 학력이
나 소득별로는 통계적인 유의성이 검증되지 않았다. 성별로는 남성 당원
이 여성보다 온라인 정당 활동에 보다 적극적이었다(Pearson χ^2=12.261,
p=.000). 남성 당원은 상대적으로 여성과 비교해 적극적으로 온라인 활
동을 하고 있다. 방문하지 않는다는 응답이 남성 당원은 178명(21.8%),
여성 당원은 187명 (29.9%)으로 통계적인 차이가 발견되었다.

<표 3> 당원의 온라인 정당 활동

변인		소속 정당의 홈페이지나 소셜 미디어 방문		전체	x^2 검정
		한 번도 방문한 적 없다	연 1회 이상 방문한다		
성별	남성	178 (21.8%)	639 (78.2%)	817	Pearson x^2=12.261, p=.000
	여성	187 (29.9%)	439 (70.1%)	626	
연령	18~29세	31 (23.0%)	104 (77.0%)	135	Pearson x^2=11.841, p=.019
	30대	39 (18.9%)	157 (81.1%)	206	
	40대	69 (23.5%)	225 (76.5%)	294	
	50대	109 (31.2%)	240 (68.8%)	349	
	60대 이상	117 (25.5%)	341 (74.5%)	458	
학력	고졸 이하	86 (27.2%)	230 (72.8%)	316	Pearson x^2=3.289, p=.193
	대졸(2~4년제)	247 (25.6%)	719 (74.4%)	966	
	대학원 졸업 이상	32 (19.8%)	130 (80.2%)	162	
소득	200만 원 이하	61 (29.3%)	147 (70.7%)	208	Pearson x^2=7.647, p=.265
	200~300만 원 미만	60 (23.3%)	198 (76.7%)	258	
	300~400만 원 미만	56 (24.9%)	169 (75.1%)	225	
	400~500만 원 미만	62 (26.4%)	173 (73.6%)	235	
	500~600만 원 미만	43 (24.9%)	130 (75.1%)	173	
	600~800만 원 미만	55 (28.6%)	137 (71.4%)	192	
	800만 원 이상	28 (18.3%)	125 (81.7%)	153	

연령별로는 역시 40대 이하 당원의 온라인 정당 활동이 활발한 것으로 나타났다. 50대와 60대 이상의 당원에 비해 40대 이하의 당원들이 적극적으로 온라인 정당 활동을 하고 있으며 통계적으로 유의한 것으로 분석되었다(Pearson χ^2=11.841, p=.019). 가장 적극적인 세대는 30대로 응답자의 81.1%가 온라인 정당 활동에 관심을 가지고 방문한 것으로 나타났다. 20대 역시 비교적 높은 77.0%가 온라인 정당 활동을 하고 있다. 주로 20대와 30의 저연령층이 온라인 정당 활동에 더 적극적인 것으로 나타났다. 하지만 50대는 68.8%만이 참여하여 오히려 60대 이상 당원(74.5%)에 비해 낮은 것으로 조사되었다.[1]

그리고 다른 사회경제 변인인 학력과 소득은 통계적으로 유의한 차이가 확인되지 않았다. 통계적인 유의성은 확인되지 않았지만, 학력은 대학원 졸업 이상의 고학력자가 비율적으로 상대적으로 높은 온라인 활동을 했다. 대학원 졸업 이상은 80.2%, 대졸(2~4년제) 74.4%, 고졸 이하 72.8%의 순이었다. 소득별로도 통계적인 유의성은 확인되지 않지만, 당원 중에서 800만 원 이상의 고소득자 집단이 조금 더 온라인 정당 활동에 적극적인 것으로 집계되었다. 비록 통계적인 유의성은 없지만, 수치상의 차이는 확인된다.

3. 당원의 충성도와 온라인 정당 활동

다음으로 당원 활동의 충성도와 온라인 정당 활동의 차이를 살펴보았

---

1. 따라서 이 결과는 단순히 연령차에 따른 정보격차(digital divide)에 의한 차이가 아니라 관심도와 집중도의 차이로 추론할 수 있다. 하지만 이 차이에 대해서는 보다 체계적인 후속 연구가 필요하다.

다. 당원의 정당에 대한 충성도를 판단하는 기준은 여러 가지가 있을 것이다. 정당 지지 활동과 활동기간, 당직인사 참여 등이 대표적이다. 여기서 당원의 충성도는 당원 활동기간과 당비 납부를 중심으로 살펴볼 것이다. 특히 당비는 당원으로서 매우 중요한 요소이다. 당비 납부는 정당 활동을 유지하고 높은 수준의 정치적 활동을 하고 있음을 의미하고 당원 충성도와 밀접한 연관성이 있다(한정훈 2019). 그런 맥락에서 당비를 납부하는지는 매우 중요한 당원 충성도를 파악할 수 있는 지표이다. 또 살펴볼 변인은 당원 활동기간이다. 선행연구에서도 증명되지만, 당원으로서 얼마나 오랜 기간 활동을 했느냐는 충성도와 연관되어 있기 때문이다. 당원 활동기간이 단기보다 장기간일수록 충성도도 높다고 평가할 수 있기 때문이다(허석재 2019).

종속변인은 소속 정당의 인터넷 홈페이지나 소셜 미디어 방문 여부를 측정했다. 본 설문에서는 다양한 정당 인터넷 홈페이지나 소셜 미디어 활동을 조사하였지만, 기본적으로 당원이 자신이 속한 정당 홈페이지나 소셜 미디어 계정을 방문하는 것은 가장 기초적인 정보제공(informing) 활동이기 때문에 중요하다. 당비 납부와 당원 활동기간에 따른 온라인 정당 활동 간의 차이를 증명하려는 방법은 독립변인이 당비 납부와 당원 활동기간의 개별 또는 상호작용 효과까지 측정할 수 있는 이원분산분석(two-way ANOVA)을 수행하였다.

분석 결과는 당비 납부와 당원 활동기간이 온라인 정당 활동과 인과성이 있는 것으로 나타났다. 이를 세부적으로 살펴보면 첫째, 한 독립변인의 효과가 다른 독립변인의 수준에 영향을 주는 상호작용효과를 보면 $F=2.493$, 유의확률(p-value)$=.041$로서 상호작용 효과가 있는 것으로 나타났다($p<.05$). 즉 당원 활동기간과 당비 납부는 상호작용 효과가 존재

<표 4> 당비 납부와 당원 활동기간에 따른 온라인 정당 활동

소스	제III유형 제곱합	평균제곱	F	유의확률
수정모형	13.042 a	1.449	7.989	.000
절편	3577.709	3577.709	19725.074	.000
당원 활동기간	4.740	1.185	6.534	.000
당비 납부	2.331	2.331	12.850	.000
당원 활동기간*당비 납부	1.809	.452	2.493	.041

* 종속변수: 소속 정당의 인터넷 홈페이지나 소셜 미디어 방문
** a. R제곱 =.042 (수정된 R제곱 =.037)

하며 이는 온라인 정당 활동과 인과성이 있음을 확인할 수 있다. 다시 설명하면 두 요인(당비 납부와 당원 활동기간)의 상호작용 결과로서 온라인 활동도 같은 방향으로 증가함을 확인할 수 있다. 선행연구에서 당비 납부와 당원 활동기간은 오프라인에서의 정당 활동과 인과성이 확인되었지만, 온라인 활동 역시 동일하게 양(positive)의 인과성이 있는 것으로 나타난다.

둘째, 당원 활동기간의 주효과를 보면, F=6.535, p=.000으로 당원 활동기간에 따라 온라인 정당 활동도 통계적인 차이가 있는 것으로 나타났다. 구체적으로 6개월 미만이 1.6400이었지만 3년 이상은 1.8204였다. 즉 당원 활동기간이 장기화할수록, 온라인 정당 활동도 같이 상승하고 있음을 확인할 수 있다.

셋째, 당비 납부 역시 같은 결과가 도출되었다. 당비의 주효과를 보면 F=12.850, p=.000으로 산출되었다. 이 결과는 당원으로서 당비 납부에 따라 온라인 활동도 인과성이 있으며 그 방향성도 양(positive)인 것으로 나타났다. 당비 납부를 잘할수록 결국 정당의 온라인 활동도 활발하게 참여하고 있다는 것이다.

요컨대 당원 활동기간과 당비 납부의 상호작용 효과 역시 강한 것으로 나타나 온라인 정당 활동에서 중요한 변인임을 확인할 수 있다. 각 변인의 주효과와 상호작용효과가 동시에 나타났기 때문에 당원 활동기간과 당비 납부는 강한 양의 인과성을 확인할 수 있었다.

4. 당원의 사회경제적 배경과 온라인 정당 활동, 당내 민주주의 인식

다음으로 당원의 사회경제적 배경에 따라 온라인 정당 활동 참여의 차이를 살펴보았다. 가설의 분석을 위해 당원 중에서 온라인 홈페이지나 소셜 미디어 계정에 방문한 당원들만 2차 표본 추출하여 사회경제 변인을 일괄 투입한 다중회귀분석(multiple regression analysis)을 시행했다. 이 과정을 통해 분석은 온라인 정당 활동의 각각의 층위별로 종속변인을 투입하여 사회경제 변인 간의 인과성을 확인했다.

첫째, 정당 홈페이지나 소셜 미디어 방문 모델은 통계적으로 유의했다 (F=2.559, p<.05). 유의한 변인은 소득으로 소득 수준이 낮을수록(p<.05) 정당 홈페이지나 소셜 미디어 방문한 것으로 나타났다. 둘째, 온라인 정치정보 습득 모델 역시 통계적으로 유의하고((F=21.448, p<.001), 모델의 설명력을 나타내는 Adj R^2=.071이다. 당원들의 온라인 정치 정보습득은 다양한 사회경제 변인들이 통계적으로 유의했다. 온라인 정치정보 습득은 연령이 낮을수록(p<.001), 학력이 높을수록(p<.05), 소득이 낮을수록(p<.1) 활발한 것으로 나타났다. 셋째, 이메일 질문이나 게시글 작성 모델 역시 통계적으로 유의했다(F=4.550, p<.01). 유의미한 변인은 연령 변인으로 저연령일수록 이메일 질문이나 게시글 작성에 활발한 참여를 한 것으로 나타났다(p<.001). 넷째, 이메일이나 게시판 정책 제안 모델은 역

<표 5> 홈페이지 방문 경험이 있는 당원 중 사회경제적 배경과 온라인 정당 활동

	홈페이지, 소셜 미디어 방문[1]	온라인 정치 정보습득	이메일 질문이나 게시글 작성	이메일, 게시판 정책제안	인터넷, 소셜 미디어 투표 참여
성	.029	.011	−.006	−.030	−.020
연령	−.023	−.259 ***	−.129 ***	−.203 ***	−.217 ***
학력	−.040	.069 *	.001	−.016	.006
소득	−.072 *	−.058 †	−.023	−.011	.010
F	2.559 *	21.448 ***	4.550 **	11.714 ***	13.778 ***
Adj R²	.006	.071	.013	.038	.045

주 1) 표준 β 값이다. 이하 종속변인의 계수는 동일하다.
† p<.1, * p<.05, ** p<.01, *** p<.001

시 모델식은 유의했다(F=11.714, p<.001). 그리고 역시 통계적으로 유의한 변인은 저연령(p<.001)이었다. 마지막으로 인터넷, 소셜 미디어 투표참여 모델(F=13.778, p<.001) 역시 통계적으로 유의한 변인은 연령(p<.001)으로 나타났다.

즉 온라인 활동에 적극적인 당원의 사회경제적 배경을 살펴보면 가장 핵심적인 변인은 연령인 것으로 나타났다. 저연령의 당원들은 다양한 유형의 온라인 정당 활동에 참여하고 있다. 이 결과를 통해 정당에서 운영하는 홈페이지와 소셜 미디어 계정이 젊은 당원과 유권자에게 소구할 수 있는 다양한 콘텐츠를 제공하면 온라인 활동은 더욱 높아질 것이라 추론할 수 있다. 특히 온라인 정치정보 습득에서 인터넷, 소셜 미디어 투표 참여의 높은 수준의 참여단계에 이르기까지 연령 변인이 채택되었기 때문에, 향후 각 정당에서 부족한 젊은 세대의 정당 활동 참여를 독려하기 위한 전략적 고민이 필요하다.

마지막으로 검증할 가설은 당원의 충성도, 온라인 정당 활동, 사회경제적 배경에 따른 당내 민주주의에 관한 평가이다. 가설의 검증은 정당내 민주주의에 대한 만족도를 종속변인으로 하고 독립변인을 일괄 투입(enter)한 다중회귀분석을 실시할 것이다. 독립변인은 당원의 충성도 변인, 온라인 정당 활동, 사회경제 변인으로 설정했다.

분석 결과, 회귀모델은 통계적으로 유의하고(F=14.523, p<.001), 다양한 변인들이 통계적으로 유의했다. 세부적으로 본다면 당내 민주주의 만족도를 결정하는 변인은 당비 납부와 온라인 정당 활동이 중요한 변인인 것으로 나타났다. 즉, 당비 납부를 적극적으로 납부할수록(p<.001), 홈페이지, 소셜 미디어 방문 등의 온라인 정치활동을 활발히 할수록(p<.001), 그리고 남성이(p<.05) 당내 민주주의에 대한 만족도가 높은 것으로 나타났다.

〈표 6〉 당원 충성도, 온라인 정당 활동과 정당내 민주주의 만족도

	당내 민주주의 만족 I				당내 민주주의 만족 II(통합)			
	B	표준β	t	Sig	B	표준β	t	Sig
(상수)	.2.798		24.674	***	2.168		15.424	***
당원 충성도								
당비 납부					.159	.098	3.778	***
당원 활동기간					−.018	−.035	−1.338	
온라인 정당 활동								
홈페이지, 소셜 미디어 방문					.129	.224	8.724	***
사회경제 변인								
성	.061	.041	1.533		.079	.052	2.000	*
연령	−.012	−.021	−.795		−.001	−.002	−.061	
학력	−.031	−.023	−.856		−.030	−.023	−.864	
소득	.005	.012	.449		.007	.018	669	
N	1,443				1,443			
F (Sig)	.932				14.520 (***)			

† p<.1, * p<.05, ** p<.01, *** p<.001

그리고 회귀방정식의 단위당 변화량을 알려주는 표준 β 값은 온라인 정당 활동의 중요성을 확인할 수 있다. 다른 변인들보다 매우 높은 수준인 .224를 기록했다. 그리고 당비 납부 변인은 .098이었다. 이는 당내 민주주의 만족도를 결정하는 회귀방정식에서 온라인 정당 활동이 매우 중요한 영향력을 가진 변인임을 확인해 준다. 이를 재해석한다면, 온라인 정당 활동의 참여도를 높이는 것은 당내 민주주의의 만족도의 중요한 변인이므로 정당 민주화를 위한 주요한 해결방안이 될 수도 있음을 알려 준다.

IV. 결론

전 세계적으로 정당의 현대화 전략은 가속화 추세에 있다. 단순히 기존 오프라인 정당 활동의 온라인화가 아니라 온라인을 이용한 다각적인 정당 구조와 관계의 변화, 당내 민주주의, 시민과의 상호작용 강화를 통한 정당 활동의 혁신이 실험되고 있다. 정보통신기술의 발전이 기존 정당 구조의 변화를 넘어 정당혁신과 덩원, 유권자와의 새로운 관계를 설정하고 있다는 연구가 활발하다(장우영·송경재 2010). 그리고 2020년 코로나19 (COVID-19)의 여파로 인해 전 세계적으로 정당 활동에서 온라인의 비중이 늘어나는 추세다. 2020년 11월에 진행된 미국 대통령 선거에서 오프라인 유세와 대면 행사는 대폭 줄어들었고 TV와 온라인을 활용한 캠페인이 다양하게 등장하고 있다. 이러한 경향은 2020년 4월 21대 총선 과정에서 한국에서도 유사하게 나타난 바 있다. 코로나19라는 감염병으로 인해 향후 정당의 온라인 활동은 다양한 형태로 진화될 것으로 예상된다.

이런 시대적 전환기에서 당원들의 온라인 활동에 관한 선행연구가 활발하지 못했다는 점은 아쉬운 부분이라 할 수 있다. 그런 차원에서 이 연구는 당원의 온라인 활동에 주목하여 정당 내의 온라인 정당 활동과 당내 민주주의 만족도에 관한 시론적인 연구라는 데 의미가 있다. 이 연구에서는 다양한 결론이 도출되었다. 연구가설을 바탕으로 첫째, 누가 온라인 정당 활동에 적극적인지 확인하였다. 계량적인 분석의 결과는 성별, 연령별 차이가 확인되었다. 남성과 저연령의 온라인 정당 활동 성향이 강한 것으로 나타났다. 둘째, 당원 활동기간과 당비 납부에 적극적인 당원들은 온라인 정당 활동에도 적극적임을 확인했다. 특히 당원 활동기간이 길고, 당비 납부를 잘 낼수록 온라인 정당 활동도 활발히 진행하고 있음을 확인했다. 셋째, 당원의 사회경제적 배경에 따라 온라인 정당 활동 참여의 차이는 연령이 가장 중요한 변인임을 확인했다. 저연령 당원들이 적극적으로 온라인 정당 활동에 적극적이었다. 마지막으로 당내 민주주의 만족도와의 관계를 분석한 모델에서는 당비 납부를 적극적으로 낼수록($p<.001$), 홈페이지, 소셜 미디어 방문 등의 온라인 정치활동을 활발히 할수록($p<.001$), 그리고 남성이($p<.05$) 만족도가 높은 것으로 나타났다.

참고문헌

금혜성·송경재. 2013. "한국과 미국의 정치인 팬 커뮤니티 비교연구: 인터넷 팬덤의 정치적 효과를 중심으로." 『담론 201』 16(3), 145-171.

금혜성·장우영. 2011. "온라인공간의 정당정치: 연구방법과 동향에 관한 시론적 연구." 『21세기정치학회보』 21(1), 101-132.

김영태. 2009. "당원의 이념적 정책적 태도와 정당경쟁구도". 『한국정당학회보』 8(1), 198-223.

김진주. 2020. "한국의 유동 당원에 대한 탐색적 연구." 『한국정치학회보』 54(2), 119-144.

송경재. 2007. "e-party, 정당위기의 대안인가?" 『21세기정치학회보』 17(1), 21-44.

이미나·신지희. 2019. "뉴스미디어 이용과 인터넷토론효능감이 선거 과정 온라인 정치 참여에 미치는 영향: 성별 차이를 중심으로." 『커뮤니케이션 이론』 15(1), 57-90.

장우영. 2013. "모바일 투표 쟁점과 평가: 민주통합당 사례를 중심으로." 『한국정당학회보』 12(3), 49-87.

장우영. 2013. "트위터스피어의 선거 이슈와 동원: 19대 총선을 사례로." 『21세기정치학회보』 23(3), 247-268.

장우영. 2014. "소셜네트워크 캠페인과 유권자 참여 효과: 18대 대선의 경험적 분석." 『세계지역연구논총』 32(3), 37-55.

장우영. 2017. "20대 총선의 소셜 미디어 캠페인 특징과 효과: 수도권 사례." 『입법과 정책』 9(1), 57-78.

장우영. 2017. "온라인 선거운동과 정치적 자유." 『한국지역정보화학회지』 20(1), 183-204.

장우영·송경재. 2010. "뉴미디어와 ICTs/Leadership 정당: 현대 정당의 변화와 지속." 『21세기정치학회보』 20(2), 1-30.

장우영·송경재. 2020. "한국의 e-사회적 자본과 오프라인 시민참여: 소셜 미디어 사용자를 중심으로." 『시민사회와 NGO』 18(1), 101-133.

최영재. 2018. "소셜 미디어의 정치참여 효과에 관한 연구: 조절변인의 탐색." 『정치커뮤니케이션연구』 49, 179–214.

한정훈. 2019. "한국정당의 당원과 당비." 『미래정치연구』 9(1), 87–117.

허석재. 2019. "누가 당원으로 가입하나?" 윤종빈·정수현 편. 『한국의 당원을 말하다』 서울: 푸른길.

헤이우드, 앤드류 지음, 조현수 옮김. 2003. 『정치학: 현대정치의 이론과 실천』 서울: 성균관대학교 출판부.

Cunha, Carlos, Martin, Irene, and Ramiro, Luis. 2003. "Southern European parties and party systems, and the new ICTs." in Gibson, Rachel. Paul Nixon and Stephen Ward. *Political Parties and the Internet: Net Gain?* London: Routledge.

Diamond, Larry. 1999. *Developing Democracy: Toward Consolidation.* Baltimore and London: The Johns Hopkins University Press.

Foot, Kirsten A., and Schneider, Steven M. 2006. *Web Campaigning.* MIT press.

Gibson, Rachel. Paul Nixon and Stephen Ward. 2003. *Political Parties and the Internet: Net Gain?* London: Routledge.

Lipset, Martin. 1960. *Political Man: The Social Bases of Politics.* New York: Doubleday.

Neumann, Sigmund. 1956. *Modern Political Parties.* Chicago: University of Chicago Press.

Smith, C. 1998. "Political Parties in the Information Age: From Mass Party to Leadership Organization?" in Enellen, I, & Van de Donk(eds). *Public Administration in the formation Age.* Amsterdam: IOS Press. 175-189.

제3장

한국의 정당원들은 이념적 지지자인가?: 한국 정당원들의 이념적 동질성에 대한 고찰

신정섭

숭실대

본 장은 『미래정치연구』 제11권 1호(2021)에 게재된 논문에서 지면의 한계로 포함하지 못한 부분을 추가적으로 발전시킨 것이다. 따라서 본 장의 일부 내용은 게재된 논문의 내용과 유사할 수 있다.

I. 서론

현대의 많은 대중정당들(mass party)은 이념에 기초하여 정당원들을 모집하고 정당을 성장, 유지시켜 왔다. 대중정당이란 소수의 정치엘리트에 의하여 운영되는 간부정당(cadre party)과 달리 많은 일반 시민들의 참여와 지지를 바탕으로 하여 운영되는 정당이라고 할 수 있다. 다이아몬드와 건더(Diamond and Gunther 2001, 9)에 따르면 현대의 대중정당들은 종교(religion)와 이념(ideology)에 기초하여 지지자를 모으로, 정당을 발전시켜 왔다. 종교와 이념 중에서도 이념은 현대 대중 정당들에 있어 보다 보편적인 정치적 지지 기반이자 정당 정체성의 핵심으로 기능하여 왔다. 이러한 이유 때문에 현대의 대중정당들은 주로 유사한 이념을 공유하는 정당원들을 주축으로 성장해 왔으며, 자신들의 이념에 기초한 정책과 공약을 통하여 더 많은 유권자들의 지지를 받기 위해 선거에서 다른 정당들과 경쟁을 해 왔다. 따라서 우리가 한 국가의 정당들의 차이를 구별할 때 정당이나 정당원들의 이념과 정책적 지향의 차이를 기준으로 두는 것은 놀라운 일이 아니다. 한편 정당원들은 정당의 이념을 일반 유권자에게 전달하고 홍보하며 정당의 정책결정과 정당 조직 운영의 가장 핵심이 되는 인적 자원이기 때문에, 정당원들의 이념 성향과 정당과의 이념적 일치 정도는 이념기반 대중 정당들의 흥망에 매우 중요한 요소라고 할 수 있다 (Scarrow and Gezgor 2010; Hooghe and Dassonneville 2014). 따라서 서구 민주주의에서 있어 정당들과 정당을 구성하는 정당원들의 이념에 대한 연구는 정당연구에 있어 중요하게 탐구되어 왔다(Narud and Skare 1999; Van Haute and Carty 2012; Kölln and Polk 2017; Kokec 2019).

그러나 기존의 한국정치 연구들은 정당원들의 이념적 성향에 대한 연구에 상대적으로 적은 관심을 둬 왔다. 비록 유권자의 투표행태에 있어서 이념이 정당선택에 어떠한 역할을 하였는지를 살펴보는 연구는 많았지만, 정당의 핵심 구성원인 정당원들의 이념적 성향과 정당과 정당원의 이념적 성향의 관계성에 대해서는 거의 연구가 이루어지지 않았다. 한국의 정당원들의 이념에 대한 연구가 적었던 이유는 다음과 같다. 첫째, 한국의 정당들은 이념중심의 대중정당이라기 보다는 정당 엘리트나 명사중심의 간부정당의 특성을 가진다는 평가가 많았기 때문에, 일반 정당원들에 초점을 맞추어 정당 연구를 할 필요성이 상대적으로 적게 요구되었다(강원택 2008). 둘째, 한국의 경우에는 정당원들이 자신의 이념에 따라 가입할 정당을 선택하기 보다는 지역주의 경쟁구도에서 출신지역이나 개인적 친밀성에 기반을 둔 사조직 형태에 기초하여 정당에 가입을 하는 경향이 컸기 때문에 정당원들의 이념 성향에 대한 연구가 크게 주목 받지 않았다(정수현 2019). 셋째, 정당원들의 이념 성향에 대한 연구를 하기 위해서는 실제적으로 정당원들에 대한 설문조사 혹은 심층 인터뷰 등이 필요한데, 유권자 설문조사와 달리 연구자들이 접근할 수 있는 정당원이나 정당 엘리트들을 대상으로 하는 설문조사 데이터가 거의 없었기 때문에 정당원들의 이념 성향을 분석할 수 있는 연구들이 별로 나타나지 않았다.

하지만 최근 한국정치는 민주화 직후의 분위기와 달리 지역주의 못지 않게 시민들의 이념적 차이와 차별성이 강하게 나타나고 있으며, 정당들 역시 단순한 지역주의적 선거동원에서 벗어나 이념적 차이를 강조하고 이를 바탕으로 하여 시민들의 지지를 호소하고 있는 분위기로 전환되어 오고 있다. 이러한 분위기 속에서 정당과 유권자들의 이념적 성향을 분석하고, 정당과 유권자들의 이념적 관계성을 분석하는 연구들이 지속적으로 등장하고 있다(장훈 2003; 강원택 2010; 정동준 2017; 조진만 2019).

이러한 흐름 속에서 정당과 정당원들의 이념 성향과 이념적 관계성을 분석하는 것은 시기적절한 연구주제라고 할 수 있다. 이러한 배경 속에서 본연구는 명지대학교 미래정책센터가 한국리서치와 함께 2020년 4월 총선직후 조사한 정당원 인식조사 설문 데이터를 활용하여 한국의 주요 정당들의 당원 이념 성향과 당원과 소속 정당의 이념적 동질성 정도를 분석하였다. 구체적으로 주요 정당의 당원들의 이념적 차이를 조사하고 각 정당별 당원들의 이념적 동질성 정도를 비교하였다. 그리고 마지막으로 정당별로 정당과 소속 당원의 이념적 동질성 수준에 영향을 주는 요인들을 조사해 보았다. 설문 데이터의 한계로 인하여 분석의 대상이 된 정당과 당원들은 더불어민주당, 미래통합당, 정의당으로 제한되었다. 그 외의 정당들의 경우 설문에 응답한 당원들의 숫자가 너무 적어 분석 대상에서는 제외하였다.

이 글의 구성은 다음과 같다. 2장에서는 한국정치에서 이념이 가지는위치에 대해서 논의하고, 더 나아가 한국의 정당과 당원들의 정치적 이념에 대한 기존연구들을 살펴 볼 것이다. 3장에서는 정당과 당원들의 이념적 동질성과 이념적 동질성을 강화하는 요인들이 무엇이 있는지를 분석하기 위하여 사용된 데이터와 변수, 연구모형에 대해서 설명할 것이다. 4장에서는 한국 주요 정당의 당원들의 이념적 위치와 동질성 정도를 비교분석하고 각 정당별로 이념적 동질성의 정도에 영향을 주는 요인들에 대한 분석결과에 대해서 살펴볼 것이다. 그리고 마지막으로 5장에서는 본연구가 가지는 한계와 의의, 그리고 추후 연구과제에 대해서 논의할 것이다.

II. 이론적 논의

한국 정당원들의 이념에 대한 연구는 2000년대 초중반까지 한국정치 연구에 있어 크게 주목 받지 못하였다. 왜냐하면 한국의 정당들이 이념이나 정책적 차이를 가지지 않으며, 다양한 사회적 균열에 기초한 시민들의 목소리를 대변하기 보다는 지역주의나 명망가에 의존한 형태를 가지고 있다는 비판이 주류를 이루고 있었기 때문이다(김용호 2001; 최장집 외 2007). 따라서 정당원들 역시 특정한 이념적 성향을 가지거나 이념적 동질성을 가진 시민들의 모임이라기보다는 지역적 동질성 혹은 3김(김대중, 김영삼, 김종필)과 같은 카리스마 있는 정치지도자들에 의하여 동원된 사적 지지자들의 모임으로 생각되었으며, 이러한 상황 속에서 정당원들의 이념이나 이념적 동질성에 대한 연구는 연구자들의 관심을 끌기에 충분한 유인을 가지고 있지 못하였다. 그러나 2000년대 들어서면서 한국의 선거정치가 지역주의뿐만 아니라 세대나 이념에 의해서 크게 영향을 받기 시작하고, 시민들 사이에서도 이념적 분화가 나타나기 시작하면서 한국의 정당들 역시 이념적 차별성을 가지기 시작하였다(최준영·조진만 2005; 강원택 2010). 또한 2002년 선거로 소위 말하는 '3김 시대'가 종식되면서 지역주의와 카리스마 있는 정당 지도자 중심의 정당정치에서 이념과 정책적 차이를 중시하는 정당 정치의 분위기가 조금씩 등장하게 되었고, 자발적으로 정당에 가입하는 정당원의 숫자가 늘어나게 되면서 정당과 정당원의 이념을 분석하는 연구들에 대한 요구가 생겨나게 되었다(정수현 2019, 83). 그리고 이러한 요구에 발맞춰 정당원들을 대상으로 하는 설문조사가 진행되고 연구자들에게 이러한 데이터가 공개되면서 한국의 정당원들의 특성과 이념 성향에 대한 연구들이 2000년대 후반 이후 몇

편 발표가 되었다.

　설문조사 통계 데이터를 기반으로 하여 한국 정당원들의 이념 성향을 분석한 첫 번째 연구로는 강원택(2008)의 연구가 있다. 강원택은 2007년 선거연수원의 협조를 받아 당원 연수 과정에 참여한 각 정당의 당원들 1,653명을 대상으로 하여 실시한 설문조사를 활용하여 당원의 이념적 선호와 정당의 정책결정 사이의 관계에 대해서 연구하였다. 정당원 스스로 자신의 이념적 위치에 대한 평가를 하는 주관적 이념평가(self-placement)에 기초하여 각 정당의 정당원들의 이념평균과 분포를 분석한 결과 각 정당별로 확연한 정당원들의 이념적 차이가 있는 것으로 나타났다. 한편 정당원들의 이념적 동질성 문제에 있어서는 대북정책, 경제정책, 교육정책과 같은 정책적 태도를 분석하였는데 정당별로 정당원들의 자신이 속한 정당과 동질성을 가지는 것으로 나타났다. 이후 김영태(2009)는 역시 2008년 한국정당학회가 선거연수원의 협조를 받아 선거연수원 당원교육에 참여한 당원 3,600명을 대상으로 한 설문조사를 활용하여 정당원들의 이념적, 정책적 태도를 분석하였다.[1] 분석에 의하면 한국의 정당원들은 일반 시민들에 비하여 중도층이 적고 보수나 진보 가운데 어느 한쪽의 보다 명확한 이념 성향을 가지고 있는 사람이 많았으며, 당원들이 바라보는 소속 정당의 이념위치와 자신의 이념위치는 큰 차이를 보이지 않는 것으로 나타났다. 즉, 정당원들의 이념적 차이가 명확하게 구별되는 것으로 보인다. 또한 정책태도에 있어서도 정당별로 정당원들의 태도의 차이가 명확하게 구별되는 것으로 나타났다. 그러나 강원택(2008)과 김영태(2009)의 분석은 당원 연수 과정에 참여할 정도로 정당 활동에

---

1. 김영태(2009)에 따르면 전체 3,600명의 설문조사 대상 중 실제로 분석에 사용된 유효한 표본은 1882명이었다.

적극적인 당원들을 대상으로 한 설문조사에 기초하였기 때문에 일반당원 전체를 대상으로 한 설문조사에서도 동일한 결과를 얻을지에 대해서는 추가적인 연구가 필요하였다.

선거연수원의 당원 연수 프로그램 참석자와 같이 적극적 활동을 하는 당원만이 아니라 정당 활동에 소극적인 일반당원까지 포함한 전체 당원에 대한 연구를 진행하기 위해서는 일반당원에 대한 설문조사 데이터가 필요하였다. 2019년 명지대 미래정치연구소는 한국리서치와 함께 정당원 전체를 대상으로 하여 표본을 확보한 설문조사를 진행하였다. 정수현(2019)은 2019년 정당원 설문조사 데이터에 기초하여 정당원들의 이념 성향과 정책 이슈에 대한 태도를 분석하였다. 정수현(2019)은 당원들의 정책태도를 경제이슈와 외교안보이슈로 나누고 이슈별로 세분화하여 정당별 정당원들의 이슈에 대한 태도차이를 분석하였는데, 각 이슈에 대해서 정당별 정당원들의 의견을 평균한 점수에서 차이가 나타났으며, 이러한 차이는 ANOVA 분석을 하였을 때도 통계적으로 유의미한 것으로 나타났다.

이상과 같이 최근 정당원들을 대상으로 한 설문조사가 실시되면서 과거와 달리 정당원들의 이념을 분석한 연구들이 등장하였다. 그러나 대부분의 연구는 당원연수에 참여하는 적극적 당원을 대상으로 하는 연구이거나, 당원 전체를 대상으로 하는 설문조사를 활용한 경우에도 단순히 정당원들의 정책적 태도에 대한 기술적 묘사에 그쳤다. 따라서 본 연구는 정당원 전체에 대한 설문조사를 토대로 하여 정당원들의 이념적 위치와 분포에 대한 기술적 묘사를 넘어 당원들의 이념적 동질성 정도를 분석하고, 정당원들의 이념적 동질성에 영향을 미치는 요인을 알아보고자 한다. 특히 정당에 있어 적극적인 활동을 할 것으로 예상되는 정당가입 기간과 정당 내 역할에 따라서 당원의 이념적 동질성의 차이가 있는지에 중점을 두고 살펴볼 것이다. 정당 활동을 오래하고 정당 내에서 역할이 높을수록 혹은 적극적 역할을 하는 당원일수록 정당의 정책이나 이념적 지향성에 대해서 더 높은 이해와 관심을 가질 확률이 높을 것이기 때문이다. 또한 정당 활동이 오래되고 중요한 역할을 맡은 정당원일수록 정당의 다른 당원들과 더 많은 교류를 할 확률이 높기 때문에 다른 당원들과의 더 많은 의사소통과 교류가 다른 당원들과의 이념적 차이를 줄여 줄 수 있는 기회를 제공할 수 있을 것이라 예상하였다. 캐나다와 벨기에의 정당원들의 이념 성향을 연구한 반호트와 카티(Van Haute and Carty 2012)의 경우에도 정당 활동을 정규적으로 한 사람들이 정당 활동을 거의 하지 않는 사람들보다 소속 정당에 대한 이념적 동질성 정도가 높은 것으로 나타났다. 따라서 본 연구는 정당 활동기간과 정당 내 역할에 따른 이념적 동질성 정도를 검증해 보기로 하였다.

III. 연구 설계

본 연구는 한국 정당원들의 이념적 동질성을 분석하기 위하여 2020년 4월 총선 직후 명지대 미래정책센터가 한국리서치와 함께 실시한 정당원 인식조사 설문조사 결과를 분석한다. 설문조사 결과를 바탕으로 한국 정당원들의 이념 성향과 소속 정당원들과의 이념적 동질성 정도를 분석하기 위해서는 정당원들의 이념을 측정하여야 한다. 개인의 이념 성향을 측정하는 방법은 여러 가지가 있으나 다운즈(Downs 1957)와 스톡스(Stokes 1963)등의 전통을 따르면 가장 일반적인 방법은 좌—우 1차원 이념공간(left-right unidimensional spectrum)에서 응답자 개인에게 스스로 본인의 이념적 위치가 어디에 위치하는지 물어보는 것이다. 일반적으로 0은 가장 좌파(진보)를 10은 가장 우파(보수)를 의미한다. 따라서 본 연구는 정당원의 이념적 동질성을 분석하기 위하여 우선 개인의 이념 자가 평가를 기준으로 하여 각 정당별 정당원들의 이념평균과 분포도를 비교한다. 그리고 정당원의 이념적 동질성 정도는 정당별로 개별 당원의 이념적 위치가 당원 전체의 이념 평균 위치로부터 얼마만큼 떨어져 있는지를 가지고 측정을 하였다. 즉 이념적 동질성은 개인 이념위치에서 정당원 전체의 이념평균을 뺀 값에 절댓값을 씌워서 측정하였다. 따라서 이념적 동질성 변수는 숫자가 클수록 동질성 정도가 약한 것이며, 0에 가까울수록 소속 정당의 전체 당원들의 이념평균과 가까운 것이라고 할 수 있다.

한편, 정당별로 당원의 소속 정당 당원들과의 이념적 동질성 정도에 영향을 미칠 수 있는 주요 독립변수로는 당원 활동기간과 당내 역할을 주요한 변수로 고려하였다. 당원 활동기간 측정 구간과 분포는 다음과 같다. 6개월 미만 (15.16%), 6개월-1년 미만 (14.23%), 1년 이상-2년 미만 (19.86%), 2년 이상-3년 미만 (15.87%), 3년 이상 (34.88%) 이었다. 당원 역할은 3가지 범주로 측정되었다. 첫째는 당직자 혹은 중앙 협의회나 지역 협의회 위원으로 전체 응답자의 7.83%였다. 본 연구에서는 이들을 통칭하여 당직자라고 분류하였다. 둘째는 일반당원이나 정규적으로 당비를 내는 권리당원으로 32.81%였다. 권리당원은 정당에 따라 책임당원으로 불리기도 한다. 마지막 범주는 당비를 정규적으로 내지도 않고 특정한 정당 직책을 맡고 있지 않은 일반당원으로 59.36%였다. 본 연구는 추가적으로 정당별로 정당원의 이념적 동질성에 영향을 미칠 수 있는 통제변수들을 포함하였다. 통제변수로는 성별, 연령, 이념 성향, 정당호감도, 당비 납부여부, 정치적 지식수준, 학력을 고려하였다. 마지막으로 정당별 이념적 동질성에 독립변수들이 미치는 영향을 분석하기 위한 통계분석 모델로는 OLS (Ordinary Least Square) 회귀분석을 이용하였다.

IV. 연구결과

우선적으로 본 연구는 한국 정당의 당원들이 얼마만큼 소속 정당의 당원들과 이념적 동질성을 가지며, 다른 정당 당원들과 이념적 차별성을 가지는지를 살펴본다. 이를 살펴보기 위하여 정당별로 당원들의 이념 성향의 평균과 분포를 살펴보았다. 본 연구에서 분석대상으로 삼은 정당원들은 더불어민주당, 미래통합당, 정의당 소속 당원들이었다. 아래 〈표 1〉은 세 정당의 정당원들의 이념 평균과 분포를 상자그림(box plot)을 통하여 보여 준다.

〈표 1〉의 상자그림에 기초하여 정당원들의 이념 성향 분포를 살펴보면 더불어민주당의 경우 중도인 5를 중심으로 중위 50%의 당원들의 이념 성향이 진보 측 방향인 2에서 5에 걸쳐 있는 것으로 나타난다. 추가적으로 더불어민주당의 이념 평균은 3.6이며, 중위 값은 4, 표준편차는 1.92였다. 반면에 미래통합당 정당원들의 이념 성향 분포를 살펴보면 중도인 5를 기준으로 보수 측 방향인 5에서 8에 걸쳐 있는 것으로 나타났다. 추가적으로 미래통합당의 이념 평균은 6.47이며 중위 값은 6, 표준편차는 2.12였다. 즉 정당원의 자가 이념 배치를 기준으로 보았을 때 더불어민주당과 미래통합당 당원들의 이념 성향은 확실히 차이가 있는 것으로 나타나고 있다. 한편 정의당 당원들의 경우 중위 50%의 이념 성향은 중도 5를 기준으

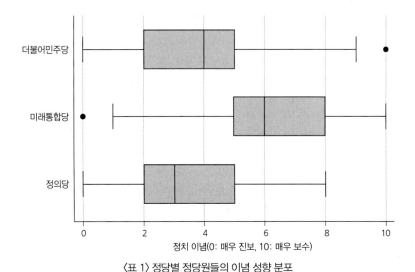

정치 이념(0: 매우 진보, 10: 매우 보수)

〈표 1〉 정당별 정당원들의 이념 성향 분포

로 진보 측인 2에서 5에 걸쳐 있었다. 정의당 당원들의 이념 평균은 3이며 중위 값은 3, 표준편차는 1.78이었다. 정의당 당원들의 경우 이념 성향에서 중위 값이나 평균에서 더불어민주당 당원들에 비하여 좀 더 진보 측에 가까운 것으로 나타났으나 그 차이는 크지 않은 것으로 나타났다.

본 연구는 세 정당의 당원들의 이념 평균의 차이가 통계적으로 차이가 있는지를 알아보기 위하여 추가적으로 ANOVA 검증을 실시하고, 각 정당별 차이를 Scheffe 검증을 통하여 알아보았다. 아래의 〈표 2〉는 더불어민주당, 미래통합당, 정의당 당원들의 이념 평균 차이가 통계적으로 차이가 있는지를 보여 준다. ANOVA 검증 결과 더불어민주당, 미래통합당, 정의당 당원들의 이념평균은 통계적으로 차이가 있는 것으로 나타났다. 더 나아가 Scheffe 검증 결과에 따르면, 더불어민주당과 미래통합당 사이에는 평균 2.86의 차이가 있었으며 이는 통계적으로 유의미한 차이로 나타났다(p-value〈0.000). 미래통합당과 정의당 사이에도 평균 3.23

의 차이가 났으며 통계적으로 유의미한 차이가 있는 것으로 나타났다 (p-value⟨0.000). 그러나 더불어민주당과 정의당 사이에는 0.36의 이념 차이밖에 나지 않았으며, 통계적으로도 유의미한 차이가 아닌 것으로 나 타났다(p-value=0.279). 이러한 결과는 현재 원내 정당 중 가장 진보적 인 입장을 취하고 있는 정의당이 주류 진보정당인 더불어민주당과 비교 하여 당원들의 이념 성향이 큰 차이가 나지 않는다는 것을 보여 주는 것이 기에 흥미로운 결과라고 할 수 있다.

〈표 2〉 정당별 당원 이념 평균 차이 검증 결과

	평균	표준편차	표본 숫자
더불어민주당	3.60	1.92	857
미래통합당	6.47	2.12	178
정의당	3.24	1.78	82

ANOVA 결과: F=167.51 (p-value⟨0.000)

그렇다면 본 연구의 주된 질문인 한국 정당 당원들의 이념적 동질성 정 도는 어느 정도인지에 대해서 살펴보도록 하자. 아래의 〈표 3〉은 정당별 당원의 이념적 동질성 분포를 보여 준다. 가로축은 개별 당원들의 이념 위 치가 소속 정당 당원들의 이념 평균으로부터 떨어져 있는 분포를 보여 준 다. 0을 기준으로 음수의 경우에는 소속 정당 당원들의 이념 평균보다 더 진보에 위치한 당원들의 비율을 보여 주며, 양수인 경우에는 더 보수에 위 치한 당원들의 비율을 보여 준다.

〈표 3〉에 따르면 더불어민주당의 경우 정당 소속 당원들의 이념 평균보 다 더 진보적이라고 응답한 당원들의 비율과 더 보수적이라고 응답한 당 원들의 비율 분포가 거의 유사한 정규분포를 보여 주고 있다. 미래통합당 과 정의당의 경우에도 약간의 차이는 있으나 0을 기준으로 거의 정규분포

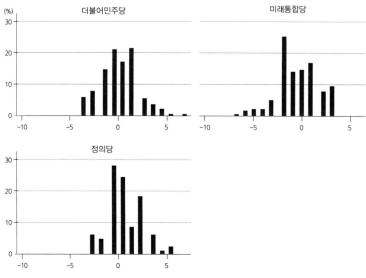

〈표 3〉 정당별 당원의 이념적 동질성 분포

에 가까운 분포를 보여 주고 있다. 따라서 당원들의 소속 정당 당원들에 대한 이념적 동질성의 정당별 차이는 크게 없는 것으로 보인다. 이는 〈표 4〉의 ANOVA 분석을 통해서도 확인된다. 〈표 4〉는 정당별로 당원들의 이념이 소속 정당 당원들의 평균 이념으로부터 평균적으로 어느 정도 떨어져 있는지를 보여 준다.

〈표 4〉에 따르면 더불어민주당의 경우 평균적으로 당원들의 이념이 당

〈표 4〉 정당별 당원의 이념적 동질성 차이에 대한 검증 결과

	평균	표준편차	최솟값	최댓값	표본 숫자
더불어민주당	1.55	1.14	0.5	6.5	857
미래통합당	1.75	1.28	0.06	6.94	178
정의당	1.46	1.21	0.43	5.43	82
전체	1.57	1.17	0.06	6.94	1,117

Welch's ANOVA 결과: F=2.60 (p-value=0.074)

원이념 평균으로부터 1.55 정도 떨어져 있었다. 미래통합당은 1.75 정도의 거리를 가지고 있었으며, 정의당은 1.46 정도 떨어져 있었다. 따라서 평균적으로 당원들의 이념적 동질성이 가장 높은 집단은 정의당이며, 가장 이념적 동질성이 낮은 집단은 미래통합당이었다. 그렇다면 이러한 수치적 차이가 통계적으로 유의미한 차이라고 할 수 있는가? 이를 알아보기 위하여 본 연구는 Welch's ANOVA 분석을 실시하였다. 통계 검증결과에 따르면, 당원의 이념과 소속 정당 당원 이념 평균의 차이에 있어 더불어민주당, 미래통합당, 정의당 간의 차이는 없는 것으로 나타났다. 즉 정당별 당원의 이념적 동질성 정도는 큰 차이가 없는 것으로 나타났다. 이러한 결과 역시 흥미로운 결과라고 할 수 있는데, 이유는 일반적으로 거대 주류 정당(mainstream party) 보다 소규모 정당(niche party)들이 일반적으로 이념적 동질성의 정도가 높은 경우가 많기 때문이다(Panebianco 1988; Adams et al. 2006). 그러나 한국 정당들의 경우에는 이러한 차이가 나타나지 않는 것으로 결과가 나타났다.

〈표 5〉는 정당별 당원들의 이념적 동질성 정도를 백분율을 기준으로 하여 보여 주고 있다. 이에 따르면, 더불어민주당의 경우 당원의 25%의 이념위치가 당원 전체의 이념 평균으로부터 0.5점 이내에 위치하고 있는 것으로 나타났다. 그리고 당원의 절반의 이념위치가 당원 전체 이념 평균으

〈표 5〉 정당별 당원의 이념적 동질성 차이 정도 분포

백분율 정당	25%	50%	75%	95%	99%
더불어민주당	0.5	1.5	2.5	3.5	5.5
미래통합당	0.94	1.94	2.06	3.94	5.94
정의당	0.57	0.57	2.43	3.43	5.43
전체	0.5	1.5	2.43	3.5	5.5

로부터 1.5점 이내에 위치하고 있었다. 이를 75%까지 확대하였을 경우에도, 전체 당원의 2/3의 이념위치가 당원 전체의 이념 평균으로부터 약 2.5점 이내에 위치하고 있었다. 따라서 상당히 높은 수준의 이념적 동질성을 가지는 것으로 볼 수 있다. 미래통합당의 경우에도 당원의 25%의 이념위치가 당원 전체 평균이념으로부터 0.94 안에 위치하고 있었으며, 당원의 2/3의 이념위치가 당원 전체 평균이념으로부터 2.06 안에 위치하고 있었다. 따라서 더불어민주당과 비교하였을 경우에 큰 차이 없이 높은 수준의 이념적 동질성을 보여 준다고 하겠다. 마지막으로 정의당의 경우에는 약 50% 정도의 당원들의 이념위치가 당원 전체 이념평균으로부터 0.57점 안에 위치하고 있었다. 따라서 핵심 정당원들의 경우에는 더불어민주당이나 미래통합당보다 더 이념적 응집도가 높은 것을 알 수 있다. 그러나 정당원 전체적으로 보았을 때의 이념적 동질성 정도는 더불어민주당과 미래통합당과 큰 차이가 없었다.

본 연구는 마지막으로 당원의 당내 역할과 당원가입 기간이 당원의 소속 정당 당원들에 대한 이념적 동질성 정도에 어떠한 영향을 미치는지를 정당별로 분석해 보았다. 〈표 6〉은 이 연구 질문에 대한 회귀분석 결과를 보여 준다. 각 모델의 종속변수는 당원의 이념적 동질성 정도로 숫자가 0에 가까울수록 소속 정당의 당원 이념 평균과 가까운 것이며, 숫자가 클수록 이념적 거리가 먼 것이다. 따라서 숫자가 작을수록 이념적 동질성 정도가 높다고 해석할 수 있다.

우선 모델 1에 기초하여 더불어민주당의 경우를 살펴보면, 당원 가입 기간과 당내 역할 모두 당원의 소속 정당의 다른 당원들과의 이념적 동질성 정도에 유의미한 영향을 미치지 않는 것으로 나타났다. 이는 일반적인 예상을 벗어난 결과라고 할 수 있다. 반면에 통제변수들의 경우에는 통계

〈표 6〉 정당별 당원과 정당의 이념적 유사도 결정요인

변수		더불어민주당 (모델 1)	미래통합당 (모델 2)	정의당 (모델 3)
남성		.046 (.081)	.165 (.228)	−.392 (.287)
연령		.081 (.035)*	−.027 (.081)	−.033 (.114)
이념 성향		.117 (.021)***	−.219 (.052)***	.475 (.069)***
정당 호감도		.043 (.018)*	−.020 (.040)	.074 (.057)
당비납부 여부		.072 (.091)	.181 (.200)	−.086 (.271)
당원 활동 기간		.022 (.029)	.061 (.065)	.029 (.077)
정치적 지식수준		−.062 (.028)*	−.073 (.072)	.065 (.101)
당내 역할	당직자	준거집단		
	권리당원	−.238 (.175)	.473 (.397)	−.294 (.444)
	일반당원	−237 (.168)	.429 (.363)	−.472 (.390)
학력	고등학교 졸업	준거집단		
	대학교 졸업	.015 (.103)	−.161 (.220)	−.056 (.340)
	대학원 이상	−.255 (.147)	−.245 (.408)	−.028 (.431)
절편		.677 (.307)	3.337 (.673)	−.630 (.939)
표본수		857	178	82
R^2		.056	.180	.454

참조: *P<0.05, **P<0.01, ***P<0.001

적 유의미성을 가지는 변수들이 여럿 있었다. 구체적으로 연령이 높을수록 이념적 동질성의 정도가 낮았다. 즉 연령이 어린 당원일수록 소속 정당의 다른 당원들과 이념적 동질성이 높은 것으로 나타났다. 이념 성향의 경우에, 진보적 이념 성향이 강해질수록 소속 정당의 다른 당원들과 이념적 동질성 정도가 높게 나타났다. 정치적 지식수순의 경우에는 지식수준이 높을수록 소속 정당의 다른 당원들과 이념적 동질성 정도가 높은 것으로 나타났다. 또한 소속 정당에 대한 호감도가 높을수록 소속 정당의 다른 당원들과의 이념적 동질성이 높게 나타났다.

한편, 모델2의 미래통합당과 모델3의 정의당의 경우에는 당원의 소속

정당의 다른 당원들과의 이념적 동질성에 영향을 미치는 변수가 이념 성향 변수 하나 밖에 없었다. 더불어민주당과 마찬가지로 당원 활동기간이나 당내 역할은 당원의 소속 정당원들에 대한 이념적 동질성 정도에 유의미한 영향을 미치지 않는 것으로 나타났다. 또한 더불어민주당의 경우에 당원의 이념적 동질성에 영향을 미쳤던 연령, 정치적 지식, 정당호감도 역시 미래통합당과 정의당의 경우에는 당원의 이념적 동질성에 유의미한 영향을 미치지 않았다. 다만, 여기서 주의해서 보아야 할 사항은 미래통합당과 정의당의 경우에 설문에 응답한 당원의 숫자가 많지 않아 회귀모델의 신뢰성이 높지 않을 수도 있다는 것이다.

종합적으로 살펴보면 결국 당연한 이야기일수 있으나, 진보 정당일 경우 당원의 이념적 진보성이 강할수록 다른 당원들과의 이념적 동질성이 높았으며, 보수 정당일 경우 당원의 이념적 보수성이 강할수록 다른 당원들과의 이념적 동질성이 높았다. 그러나 당원 활동 기간이나 당내에서의 당원 역할은 당원의 이념적 동질성 정도에 유의미한 영향을 미치지 않는 것으로 나타났다.

V. 결론

본 연구는 더불어민주당, 미래통합당, 정의당 당원들을 중심으로 한국 정당원들의 이념 성향과 이념적 동질성에 대해서 분석을 하였다. 분석의 동기는 한국의 정당들이 과거의 지적과 같이 지역주의적 동원이나 유망 정치인의 인기에 영합하여 동원된 사적인 지지 집단인 것이지, 아니면 서구 민주주의의 정당들과 같이 이념적 동질성에 기초한 집단인지를 알아보는데 있었다. 분석결과에 따르면 최소한 더불어민주당, 미래통합당, 정의당 소속 당원들은 상당히 높은 수준의 이념적 동질성을 가진 집단이라는 것이 확인되었다. 0에서 10까지의 값을 가지는 좌우 이념 스펙트럼 상에서 자신의 이념위치를 응답하였을 때, 더불어민주당의 경우 설문에 응한 전체 당원의 절반이 당원 이념평균으로부터 1.5점 차이 이내에 있었다. 즉, 더불어민주당의 이념평균인 3.6에서 ±1.5 이내인 2.1에서 5.1 사이에 있었다는 것이다. 반면에 미래통합당의 경우에는 설문에 응한 전체 당원의 절반이 당원 이념 평균인 6.47에서 ±1.94 이내인 4.54에서 8.41 사이에 있었다. 이렇게 본다면 이념적 응집성이 높은 핵심 당원들만 보았을 때 더불어민주당보다는 미래통합당 당원들의 이념적 동질성이 좀 더 약한 것으로 보인다. 한편 정의당의 경우에는 설문에 응한 전체 당원의 절반이 당원 이념 평균인 3.24에서 ±0.57 이내인 2.67에서 3.81 사이에 있었다. 따라서 이념적 동질성이 높은 핵심 당원들만 보았을 때는 정의당의 당원들이 더불어민주당이나 미래통합당 당원들에 비하여 좀 더 높은 이념적 동질성을 보여 준다고 하겠다. 그러나 설문에 응한 전체 당원들로 대상을 확대하였을 경우에는 더불어민주당, 미래통합당, 정의당의 당원들 사이에 이념적 동질성의 정도 차이가 없는 것으로 확인되었다.

한편 본 연구는 당원의 이념적 동질성에 영향을 미치는 요인을 회귀분석을 사용하여 정당별로 살펴보았다. 분석결과, 더불어민주당의 경우에 연령이 낮을수록, 정치적 지식이 높을수록, 정당에 대한 호감도가 높을수록, 이념적 성향의 진보성이 높을수록 이념적 동질성이 높은 것으로 나타났다. 그러나 본 연구에서 예상하였던 정당가입 기간이나 당원의 당내 역할은 당원의 이념적 동질성 정도에 유의미한 영향을 미치지 않는 것으로 나타났다. 이러한 결과는 미래통합당과 정의당의 경우에는 유사하게 나타났다. 즉 당원의 정당가입 기간이나 당원의 당내 역할은 당원의 이념적 동질성에 유의미한 영향을 미치지 않는 것으로 나타났다.

본 연구의 결과는 더불어민주당, 미래통합당, 정의당 소속 당원들을 기준으로 하였을 때 한국 정당의 당원들이 비이념적, 비정책적이지 않으며, 명확한 이념적 정체성과 동질성을 가진 집단이라는 것을 보여 준다. 특히 더불어민주당과 미래통합당이라는 한국 정당정치를 이끌어 가는 두 거대 정당의 당원들이 서로 간에 확실히 구분되는 이념적 배타성을 가지며, 소속 정당에 대해서는 상당히 높은 수준의 이념적 동질성을 가진다는 것을 보여 주었다.

그러나 본 연구는 다음과 같은 한계를 가진다고 하겠다. 무엇보다도 분석의 대상이 된 정당원들이 너무 더불어민주당에 쏠려 있어 미래통합당이나 정의당의 당원 분석의 경우 그 분석의 신뢰성이 의심된다는 것이다. 더욱이 세 정당을 제외한 다른 정당의 경우에는 너무 적은 표본 숫자로 분석조차 시도할 수 없었기에 향후의 정당원을 대상으로 한 설문조사의 경우 정당별 표본 숫자를 적절히 분배하여 다양한 성격과 이념을 가진 정당들을 비교 연구할 수 있어야 한다고 생각한다. 둘째, 정당원의 이념적 동질성 여부는 응답자 자신의 자가 이념 위치에 기초한 분석도 중요하지만, 여러 가지 정책적 이슈에 대한 정당원의 태도를 통하여도 측정할 수 있다. 따라서 이후의 연구에서는 다양한 정책적 이슈에 대한 정당원의 태도에 기초한 이념측정에 사용하여 정당별 당원들의 이념적, 정책적 동질성 정도를 분석하고 이에 미치는 요인들을 조사해 보는 것이 필요할 것이다.

참고문헌

강원택. 2008. "한국 정당의 당원 연구: 이념적 정체성과 당내 민주주의." 『한국정치학회보』 42(3), 109-128.

강원택. 2010. 『한국 선거정치의 변화와 지속: 이념, 이슈, 캠페인과 투표참여』 서울: 나남.

김용호. 2001. 『한국 정당정치의 이해』 서울: 나남.

장훈. 2003. "한국의 정치적 대표: 유권자-국회의원의 이념적 대표를 중심으로." 『한국정당학회보』 2(1), 71-92.

정동준. 2017. "한국 정치공간의 시민과 대표 간 이념적 일치: 개념화와 측정." 『의정연구』 23(2), 68-108.

정수현. 2019. "당원들의 이념 성향과 정책 이슈에 대한 태도." 미래정치연구소 편 『한국의 당원을 말하다』 서울: 푸른길. 79-114.

조진만. 2019. "국회의원-지역구민 이념적 일치도가 선거정치에 미치는 영향 분석." 『미래정치연구』 9(1), 5-30.

최장집 외. 2007. 『어떤 민주주의인가: 한국민주주의를 보는 하나의 시각』 서울: 후마니타스.

최준영·조진만. 2005. "지역균열의 변화 가능성에 대한 경험적 고찰: 제17대 국회의원선거에서 나타난 이념과 세대 균열의 효과를 중심으로." 『한국정치학회보』 29(3), 375-394.

Adams, James, Michael Clark, Lawrence Ezrow, and Garrett Glasgow. 2006. "Are Niche Parties Fundamentally Different from Mainstream Parties? The Causes and the Electoral Consequences of Western European Parties' Policy Shifts, 1976-1998." *The American Journal of Political Science*. 50, 513-529.

Kölln, Ann-Kristin and Jonathan Polk. 2017. "Emancipated Party Members: Examining Ideological Incongruence within Political Parties" *Party Politics*. 23(1), 18-29.

Diamond, Larry and Richard Gunther. 2001. *Political Parties and Democracy*. Johns Hopkins University Press.

Downs, Anthony. 1957. *An Economic Theory of Democracy*. New York: Harper and Low.

Kukec, Marko, 2019. "Intra-party Conflict at Grassroots: Party-councillor Ideological Congruence in Croatia." *Party Politics*. 25(5), 679-689.

Hooghe, Marc and Ruth Dassonneville. 2014. "Party Members as an Electoral Linking Mechanism: An Election Forecasting Model for Political Parties in Belgium, 1981-2010." *Party Politics*. 20(3), 368-380.

Narud, Hanne M. and Audun Skare. 1999. "Are Party Activists the Party Extremists? The Structure of Opinion in Political Parties." *Scandinavian Political Studies*. 22(1), 45-65.

Panebianco, Angelo. 1988. *Political Parties: Organization and Power*. Cambridge: Cambridge University Press.

Scarrow, Susan E. and Burcu Gezgor. 2010. "Declining Memberships, Changing Members? European Political Party Members in a New Era." *Party Politics*. 16(6), 823-843.

Stokes, Donald E. 1963. "Spatial Models of Party Competition." *The American Political Science Review*. 57(5), 358-377.

Van Haute, Emilie and R. Kenneth Carty. 2012. "Ideological Misfits: A Distinctive Class of Party Members." *Party Politics*. 18(6), 885-895.

제4장

당원의 정당 신뢰와
당내민주주의 인식

김진주
명지대학교 미래정책센터

I. 서론

대한민국의 헌정과 대의민주주의가 역사를 함께 해 왔음에도 불구하고 대의제 기관에 대한 국민의 인식은 긍정적이지 않다. 입법부에 대한 신뢰는 2000년대에 들어 행정부, 사법부에 비해 단 한 번도 높게 나타난 적이 없고(김지범 외 2019), 특히 입법부를 구성하고 시민과 가장 밀접하게 대의제 기능을 수행하는 정당에 대한 신뢰는 현저히 낮은 수준에 머물러 있다(윤종빈 외 2018).

한국의 정당은 잦은 이합집산과 당명 교체 등으로 정당정치의 불안정성이 높다는 평가를 받고 있으며(곽진영 2009), 정당체계의 불안정성을 의미하는 선거변동성(electoral volatility) 또한 페더슨 지수(the Pedersen index)로 보았을 때 서구의 다른 나라들에 비해 한국의 정당이 현저히 높은 수준인 것으로 나타난다(Dassonneville 2019; 박영환 2014; 김진주 2020). 더욱이 2020년 4월에 치러진 제21대 총선에서 거대 양당인 더불어민주당과 미래통합당이 입법부의 대표성을 높이고 정당의 비례성을 확립시키기 위해 도입된 연동형 비례제도에서 의석수를 잃지 않고자 비례위성정당을 설립함에 따라 선거제도의 취지를 왜곡하면서 정당에 대한 국민의 불신은 더욱 가중되고 있다.

사회적 자본 이론(social capital theory)에 따르면 신뢰는 국민의 정치 참여를 확대하고 민주주의를 공고화시켜 안정성을 높이는 주요 요인이므로(Putnam 1995)[1], 정당에 대한 신뢰가 낮은 수준이라는 것은 대의민주

---

1. 퍼트남(Putnam, 1995)이 주장한 신뢰는 대체로 대인 신뢰, 사회 신뢰를 의미한다. 하지만 후속 연구들에서 신뢰의 다양성을 고려하여 공적 신뢰로서 정치 신뢰, 기관신뢰에 대한 부분을 추가 연구하여 사회적 자본의 일환으로서 그 영향력에 대해 검증한 바 있다(Zucker 1986; Uslaner 1997; Kaase 1999; Newton 2001)

주의인 현 정치체제의 불안정성을 야기할 수 있다는 우려를 낳는다. 따라서 정당정치를 안정화시키고 대의민주주의를 공고화하기 위해서 정당이 국민의 신뢰를 회복하는 것은 무엇보다 중요하다.

　기존 연구들은 국민의 신뢰를 회복하기 위한 방안을 모색하기 위해 다방면의 노력을 기울였으나, 정당과 국민을 연계하는 '당원'에는 주목하지 않았다. 당원은 정당에 있어 당비를 통한 금전적 지원과 여러 활동에 대한 적극적인 참여, 그리고 선거를 앞두고 정당과 소속 후보자들에 대한 홍보 및 선거 캠페인을 지원하는 등 다양한 역할을 수행하고, 시민과 정당, 국가를 연계하는 중요한 집단이다(Whiteley 2011). 서구사회에서는 이러한 당원의 수가 급격히 감소하고 있는 추세로(Hooghe and Kern 2015), 당원의 감소는 시민사회 약화로 이어질 수 있어 민주주의 안정에 부정적 영향을 미칠 수 있다는 우려가 나오고 있다(Whiteley 2011). 하지만 한국의 경우 2018년 기준 당원의 수는 7,825,929명으로, 2017년에 비해 4.2%p 증가한 선거인수 대비 18.2%가 정당에 가입되어 있다(중앙선거관리위원회 2019). 이러한 수치는 유럽 국가들의 평균 당원 수가 선거인수 대비 4.65%인 것에 비하여(van Biezen et al. 2012) 약 4배에 달한다. 2020년 이전까지 정당에 가입하는 절차가 우편이나 팩스를 활용해야 하는 등의 불편함이 존재했음에도 불구하고(김진주 2020) 국민의 15%, 선거인수 대비 18.2%가 정당에 가입되어 있다.

　이렇듯 상당수의 당원을 토대로 한국의 정당은 이들을 통해 상향식 발전과 당원에 대한 연구를 통해 정당에 대한 신뢰를 회복하고 대의민주주의에 대한 위기 해결 방안을 모색할 가능성을 가진다. 따라서 본 연구는 한국의 당원들을 대상으로 정당에 대한 신뢰에 영향을 미치는 요인들이 무엇인지 확인하고 이를 통해 주요 정치 기관으로서 정당의 역할과 향후 나아가야 할 방향에 대해 고찰하고자 한다.

II. 기존연구 검토

당원은 정당에 입당하여 그 구성원이 된 사람으로, 한국에서는 「정당법」 제4장 제22조 1항에서 "국회의원 선거권이 있는 자는 공무원 그밖에 그 신분을 이유로 정당가입이나 정치활동을 금지하는 다른 법령의 규정에 불구하고 누구든지 정당의 발기인 및 당원이 될 수 있다", 2항에서 "대한민국 국민이 아닌 자는 당원이 될 수 없다"로 당원의 자격을 명시하고 있다. 선출직과 사립학교의 교원이 아닌 공무원을 제외하고 대한민국 국민이면서 선거권이 있는 모든 유권자는 정당에 입당원서를 제출하면 당원이 될 수 있다.[2]

정당이 어떠한 목표를 가지고 변화해 왔는지에 따라 당원의 역할과 지위는 지속해서 변화해 왔다. 대체로 보통선거권이 도입되면서 간부와 엘리트층을 중심으로 하는 간부 정당(cadre party)이 쇠퇴하자 간부 정당에서 소외당하였던 계층의 다수를 당의 지지층인 당원으로 모집하여 정당을 강화하려는 대중 정당(mass party)이 등장하였고, 원내가 아닌 원외에 집중하면서 당의 재정 역시 당원들의 회비인 당비에 의존하게 됨에 따라 당내에서 당원의 역할이 중요해졌다(Duverger 1954). 당시 당원은 정당의 근간이자 정당과 유권자를 연결하는 매개체였으며, 당비를 통해 정당의 재정적 원천을 제공하였다(Panebianco 1988). 대중 정당에서 당원은

---

2. 정의당의 경우 만 14세 이상 만 18세 미만, 더불어민주당은 만 16세 이상이면서, 만 18세 미만의 선거권이 없는 청소년에게 예비당원의 지위를 부여하고 있다.

각종 정당의 행사에 참여하고, 선거기간에는 선거운동의 중심이 되었으며, 당의 조직을 견고하게 만들기 위해 이념적 정체성이 강조됨에 따라 당원 교육 및 이념 강화를 위한 활동을 지속했다(Duverger 1954).

그러나 이후 20세기에 들어와 경제, 사회가 발전해 계층 간 균열이 사라지자 이념과 계층 중심의 당원이 중요했던 대중 정당이 사라지고 모든 유권자를 지지기반으로 하는 포괄 정당(catch-all party)이 등장하게 되었다(Kirchheimer 1966). 포괄 정당은 모든 유권자들을 대상으로 하고 있기에 정당이 가지고 있던 뚜렷한 이념적 성향이 점차 사라져갔으며, 당원이 존재하기는 하나 당원의 역할 역시 감소하였다. 당원의 역할이 감소하자 당비 또한 당의 재정적 원천이 되기에는 어려움이 존재했고, 이후 국고 보조금에 의지하여 정당을 운영하는 카르텔 정당(cartel party)(Katz and Mair 1995)으로 변화함에 따라 당원의 중요성이 더욱 약화되어왔다.

이러한 정당 조직 발전과정은 서구사회 정당들로부터 기인한 것이기에 한국의 정당들에 적용하기에는 다소 어려움이 있다는 주장이 많이 제기되어 왔다. 하지만 한국의 정당이 대중 정당에서 포괄 정당으로 이어지기보다 국가와 시민을 연계하는 정당의 기능이 인터넷 등을 통한 직접적 참여의 확대로 인해 약화하였다는 주장(강원택 2009)도 결과적으로는 정당 속에서 당원이 수행하던 시민과의 연계라는 측면의 역할이 감소하였다는 것을 의미한다고 할 수 있다. 하지만 그 역할이 감소하였다고 하여 당원이 필요성이 사라진 것은 아니다. 여전히 당원은 정당의 기본 요소로써 당내 다양한 위원회를 구성하고, 일반 유권자와는 달리 정당에 대한 애착심을 가지고 지지를 보내며, 선거에서 유권자들을 동원하는 데에 일조하는 등 정당 운영에 필수적이다.

그러나 오늘날 한국의 정당들은 당원들에게도 외면 받고 있는 상황이다. 당원의 수가 지속적으로 증가하고 있다고는 하나 국내 여러 학자들은 정당이 선거를 앞두고 당원의 수를 늘리기 위해 당비를 대납해주기도 하고, 당비 납부나 당 활동 참여가 없는 '유령당원', '종이당원'의 수가 적지 않다고 지적하고 있다(이동윤 2010; 김만흠 2012; 정회옥 2013). 실제로 2018년 기준 당비를 납부하는 당원은 전체 당원을 기준으로 평균 18.7%이며, 더불어민주당과 자유한국당(현재 미래통합당)과 같은 거대 정당에서도 각각 당원의 24.5%, 12.9%만이 당비를 납부하고 있다(중앙선거관리위원회 2019). 비록 당원에게 있어 당비 납부가 필수는 아니지만, 정당 활동과 당비 납부가 서로 양의 상관관계를 가지고 있기에(한정훈 2019) 당비를 납부하는 당원들의 수가 적다는 것은 실제로 정당 활동에 적극적으로 참여하는 당원의 수 또한 적다는 것을 의미한다.

이에 본 연구는 당원의 정당에 대한 인식과 태도 중에서도 신뢰에 주목하여 한국의 당원을 살펴보고 정당정치의 현실을 고찰하고자 한다. 당원의 정당에 대한 만족도나 선호는 지지하는 정당에 어디인지에 따라 상대성을 갖기에 차이를 보일 수 있으며, 단기적인 이슈 등에 강한 영향을 받아 변화하기 쉽다. 하지만 정당은 일시적인 집단이 아니라 오랜 기간 자신들의 정강·정책을 형성하여 이익을 대변해 온 조직이기에 이러한 단기적인 요인보다 신뢰와 같은 보다 중장기적인 요인에 주목할 필요가 있다. 학자마다 정의에 있어 다소 차이를 보이지만 사회심리학적으로 신뢰는 "상대에게 정직함과 예측 가능함, 호의적 행동과 같은 것을 기대하는 심리적 부산물"(후쿠야마 2015), 또는 포괄적으로 타인이나 조직이 자신에게 해를 입히지 않고 오히려 자신의 이익을 위해 행동해줄 것이라는 믿음으로 정의하기도 한다(Hardin 1998; Gambeta 1988; Newton 2001). 정리하자면 신뢰는 상대 대상에 대한 일종의 믿음으로 이러한 믿음은 단기적으로는 형성되기보다 중장기적으로 다각도의 측면에서 생겨날 수 있을 것이다. 더욱이 사회적 자본이론의 측면에서 신뢰는 궁극적으로 국민의 정치참여를 활성화하고 사회적 갈등을 조정하고 합의하여 민주적 안정성을 확보하기 위한 필수조건으로 여겨진다(Arrow 1972; Coleman 1988; Ostrom 1990; Putnam 1993; 1995; Fukuyama 1995; Newton 2001; Paxton 2002). 그러므로 만족도나 선호도 보다 신뢰의 개념을 적용하여 정당에 대한 인식을 살펴보고자 한다.

주지하다시피 정당에 가입하는 절차가 용이해진지는 오래되지 않았으며, 당비 납부라는 금전적인 부분이 포함되어 있어 정당에 대한 애착심인 정당일체감과 충성심이 있지 않고서야 당원이 되기에는 쉽지 않다. 그렇기에 당원들에게 있어 다른 어떠한 주요 기관보다 정당에 대한 신뢰가 높게 나타나야 한다는 것이 일반적으로 생각해 볼 수 있는 부분일 것이다. 그러나 선거인수대비 18.2%가 정당에 소속되어 있음에도 불구하고 한국인의 정당에 대한 신뢰는 행정부, 입법부보다도 가장 낮게 나타난다(윤종빈 외 2018). 미루어 짐작건대, 한국사회에서 대의제 기관에 대한 불신이 상당한 수준에 놓여있기 때문이거나 또한 국민을 대변하는 가장 기본 조직인 정당이 대표성과 반응성의 측면에서 그 역할을 잘 수행하지 못하기 때문일 수 있다. 이를 자세히 살펴보기 위해 기존연구들을 토대로 정당 신뢰에 영향을 미치는 요인을 알아보고자 한다.

당원들을 대상으로 정당에 대한 신뢰에 영향을 미치는 요인을 살펴본 연구가 전무하기에, 우선 일반 국민을 대상으로 정치 전반이나 정치 기관에 대한 신뢰에 영향을 미치는 요인들을 구분해볼 수 있다. 첫째, 사회경제적 요인이다. 이는 정당의 발전과정 중 사회계급 중 주로 노동자나 농민을 중심으로 지지를 확대해 나갔던 대중 정당에서 기인한 것으로, 점차 현대에 들어와 계급 갈등이 모호해지고 정당이 포괄 정당으로 변화함에 따라 경제적, 계급적 차이는 오히려 교육수준인 학력, 그리고 세대 차이에 대한 것으로 변모했다고 보고 있다. 국내외 연구들에서도 학력이 높을 수록(Hetherington 1998; Newton 2001; 박희봉 외 2013; Ugur-Cinar et al. 2020), 연령이 낮을수록(Hetherington 1998; 윤종빈 외 2018), 가계경제나 국가경제에 대해 긍정적일수록(Lawrence 1997; Zmerli and Castillo 2015) 정치, 정당에 대한 신뢰가 높다는 것이 확인되었다. 하지만 위와 같은 몇몇 연구들을 제외하고는 사회경제적 요인의 정치 신뢰에 대한 영향력은 크게 나타나지 않고 있다.

둘째, 신뢰가 사회심리학적 개념인 만큼, 사회심리학적 요인들의 영향력을 확인한 연구가 있다. 특히 정치적인 태도나 정향에 대한 인지적 측면에서의 요인들로 정치효능감, 정치적 이념, 정치관심도, 정당일체감, 정부에 대한 만족도 등 다양한 요인들이 정치와 정치 기관에 대한 신뢰에 영향을 미친다는 것이 확인되었다. 정당일체감이 있을수록(Hooghe and Kern 2015; Hooghe ad Oser 2017; 윤종빈 외 2018), 정치효능감이 높을수록 정당이나 정치에 대한 신뢰가 높아지는 것으로 나타났다. 또한 정치적 관심이 높을수록(Newton 2001; 조인희 외 2008; 정회옥 외 2014), 여당을 지지하거나 현 정권과 이념적 유사성을 가질수록(금현섭·백승주 2010; 정회옥 외 2014), 정부의 운영이나 경제적 성과에 만족할수록(이곤수·정한울 2013; Erkel and Meer 2016; Wroe 2016) 신뢰가 높아지는 것으로 나타났다.

마지막으로 단기적인 요인의 측면에서 정책이나 이슈가 신뢰에 영향을 미친다는 연구가 존재한다. 신뢰는 단기적으로 형성되기에는 어려움이 있으나 횡단적 연구의 수행에 있어서 단기적인 이슈들은 간과해서는 안 될 부분일 것이다. 특히 최근에는 이민자 등과 관련한 인종적 이슈, 정부의 반부패나 복지 등의 정책적 이슈 등이 정치 또는 정치 기관에 대한 신뢰에 미치는 영향력이 확인되어 왔다(Uslaner 2002; McLaren 2010; 2011; 2017; 박희봉 외 2013; 정회옥 외 2014; 윤종빈 외 2018; Radin 2019; Kang and Zhu 2020).

이러한 요인들을 정당에 적용하여 정당에 대한 신뢰에 영향을 미치는 주요 요인을 유추할 수 있다. 하지만 정당은 일반적인 정치나 정부기관과는 달리 개인이 소속될 수 있는 조직적 특성을 가지고 있다. 그러므로 일반적인 정치 신뢰와는 분명 차이를 보일 수 있고, 정치 신뢰에 영향을 미치는 다른 요인들보다 정당만이 가지고 있는 특수한 요인이 더욱 중요한 영향을 미칠 수 있다. 특히 정당에 소속된 당원이라면 정당에 대해 가질 수 있는 인식과 태도로 당내민주주의에 대한 인식을 고려해봐야 한다.

당내민주주의(intra-party democracy)는 정당 내에서 조직이나 활동, 구성에 있어 민주적 절차를 보장함으로써 민주주의 원칙을 지켜야 한다는 것으로, 키이(V. O. Key)의 정당 기능 모델 중 공직자 선출 및 정치적 지도자를 발굴·양성하고, 매니페스토 등을 통해 지지자들의 이익을 지지자들의 이익을 집약하고 반영하여 정강·정책을 마련하는 등의 기능을 대표하는 조직으로서의 정당(Parties as Organizations)에서 주로 논의된다(Key 1958; 윤종빈 2017 재인용; Key 1964; Dalton and Wattenberg 2002 재인용).

당내민주주의는 전 세계적으로 당원이 감소하는 상황에 대한 대안을 마련하고자 주목받아왔으며, 일부 연구들은 당원에게 정당에 대한 참여로 얻을 수 있는 이익을 확대해주는 것보다 당내민주주의를 강화하는 것이 당원 증대에 긍정적인 영향을 미칠 수 있다고 당내민주주의의 중요성을 강조하기도 한다(Cross and Katz 2013). 하지만 한국 당원들의 정당 활동과 당내민주주의의 관련성을 살펴본 Koo(2018)는 당내민주주의가 당원의 증감에 영향을 미친다는 주장이 당원의 적극적인 활동을 야기하는 것으로 확대될 수 있다고 주장하며 당내민주주의에 대한 당원의 만족도에 따라 정당 활동에 참여하는 기대 효용이 달라질 수 있다고 보았고, 경험적 분석 결과 당내민주주의가 당원의 활동을 증대시키는 데 부정적인 영향을 미친다는 것을 확인하였다. 이러한 결과는 정당의 당내민주주의에 대한 인식이 부정적인 당원일 경우 정당 활동을 하지 않는다는 것을 의미하는 것으로 정당에 대한 불만족이나 불신과 같은 심리적 기재가 작용했을 수 있을 것으로 생각된다. 따라서 기존의 요인과 더불어 당내민주주의라는 정당이 가질 수 있는 요인에 주목하여 정당에 대한 신뢰에 영향을 미치는 요인을 경험적으로 살펴보고자 한다.

III. 연구방법

본 연구는 당원들의 정당에 대한 신뢰에 영향을 미치는 요인들을 특히 당내민주주의에 주목하여 살펴보고자 한다. 주요 독립변수인 당내민주주의에 대해서는 당원의 참여를 기반으로 한 당내민주주의에 대한 인식과 수평적 당내 구조의 측면에서 중앙당과 지방조직 간의 소통 등에 중점을 두었다. 기존의 연구들은 후보 선택이나 수뇌부 선택 등 특정한 차원에 주목하거나(Bille 2001; Hazan 2002; Rahat 2009), 참여, 분권화, 대표성 등 여러 변수를 통합하여 당내민주주의를 살펴보기도 하였다(von dem Berge et al., 2013; Rahat and Shapira 2016). 측정 방법은 다양하지만 대체적으로 당내민주주의에는 당원의 참여와 정당의 구조에 대해 살펴보고 있다. 따라서 본 연구도 당원의 참여와 정당의 수평적 구조라는 두 가지의 측면에서 당내민주주의를 살펴보고자 한다.

일반적으로 조직에 속해있는 조직원이라면 조직의 주요한 인사나 정책에 주체적으로 참여할 수 있다면 효능감이 증대될 것이다. 그러므로 당원의 경우에도 어떠한 정당에 소속되어있는지에 상관없이 정당의 주요 결정에 있어 당원 스스로의 참여가 높다고 인식된다면 정당에 대한 신뢰가 높아질 수 있다. 하지만 정당의 수평적 구조는 소속된 정당에 따라 차이를 보일 수 있다. 특히 한국의 정당들은 진보와 보수로 대표되는 양당을 중심으로 발전해 왔는데, 보수 진영 정당의 경우 과거 권위주의 정부 당시 집권당이 이어져 온 것이기에 이러한 정당에 가입한 당원들이라면 당내민주주의에 대한 인식보다 강력한 중앙 지도부를 중심으로 하는 정당에 대한 선호가 높을 수 있을 것으로 보인다. 그러므로 보수 진영 정당인 미래통합당의 당원은 오히려 정당이 중앙집권적이고 지도부 중심의 권위가 세워져 있어야 정당에 대한 신뢰가 높을 수 있다. 따라서 본 연구에서는 이를 구분하여 가설을 설명하였다.

가설1: 소속 정당과 관계없이, 정당에 대한 참여 인식이 긍정적인 당원일수록 정당에 대한 신뢰가 높을 것이다.

가설2-1: 더불어민주당 당원의 경우, 정당이 수평적인 구조라고 인식할수록 정당에 대한 신뢰가 높을 것이다.

가설2-2: 미래통합당 당원의 경우, 정당이 수평적인 구조라고 인식하지 않을수록 정당에 대한 신뢰가 높을 것이다.

국내에서 당원을 대상으로 수행한 조사는 많지 않으나, 2020년 총선 직후 명지대학교 미래정책센터가 한국리서치에 의뢰하여 '2020 총선 당원 인식조사'를 실시하였고, 본 연구에서는 해당 조사를 활용하여 경험적 분석을 수행하였다. 본 자료는 2020년 4월 22일부터 5월 14일까지 전국 만 18세 이상 성인남녀 총 26,903명을 지역, 성, 연령별 비례할당으로 무작위 추출(Random Sampling)하여 정당원 1,442명을 대상으로 온라인 웹조사(CAWI)로 실시한 것이다. 표본오차는 무작위 추출을 전제할 경우 95% 신뢰수준에서 ±0.6%이다.

최종적으로 분석에 활용한 당원의 수는 1,405명으로 896명이 더불어민주당, 더불어시민당 당원이었으며, 미래통합당, 미래한국당 당원은 208명, 정의당 당원은 82명, 그 외 219명은 민생당, 열린민주당, 국민의당 등에 소속되어 있는 것으로 나타났다.[3]

분석의 종속변수는 정당에 대한 신뢰로 "선생님께서는 다음의 사람 및 기관에 대해 얼마나 신뢰하십니까?"로 '정당'에 대해 질문한 문항을 사용하였다. 응답은 1='전혀 신뢰하지 않는다', 2='신뢰하지 않는다', 3='신뢰한다', 4='매우 신뢰한다'로 숫자가 클수록 정당에 대한 신뢰가 높은 것을 의미한다.

주요 독립변수인 당원의 참여요인으로 "선생님의 의견이 다음과 같은 활동에 잘 반영된다고 생각하십니까?"라는 질문에서 '공직선거 후보자

---

3. 모집한 표본의 수가 정당별로 차이가 나기에 통계적 가중치를 부여하여 회귀분석 등 통계적 분석을 수행하였다. 또한 더불어시민당, 미래한국당은 각각 더불어민주당, 미래통합당의 비례위성정당으로 창당된 정당이기에 선거 직후 다시 본 정당으로 합당하였으며, 미래통합당은 이후 당명을 국민의힘으로 변경하기도 하였다. 하지만 본 연구는 당시의 조사를 토대로 하고 있기에 추후에 합당한 것만을 반영하여 더불어민주당과 더불어시민당은 더불어민주당으로, 미래통합당과 미래한국당은 미래통합당으로 사용하고자 한다.

결정'과 '당의 정강 및 정책'으로 나누어 두 가지에 대한 당원들의 응답을 측정하였다. 응답은 4점 순서형 척도로 응답의 수치가 높을수록 긍정적, 즉, 해당 분야에 있어 당내민주주의가 실현되고 있다고 느끼고 있음을 의미한다.

당내민주주의 중 수평적 구조의 측면에서는 "중앙의 결정이 지역조직에 일방적으로 하달된다", "당과 당원들과의 소통이 활발하다" 두 가지에 대해 각각 동의하는 정도를 측정하였다. 해당 문항은 4점 순서형 척도로 중앙-지방 의사 결정 구조 문항은 응답이 높을수록 부정적, 당의 당원 소통 변수는 응답이 높을수록 긍정적인 것을 의미한다.

이밖에도 기존연구에서 신뢰에 영향을 미치는 요인으로 나타났던 변수 중 사회경제적 요인인 성별(남성), 연령, 학력, 소득은 통제변수로 포함했으며, 정치적 태도의 경우 정당에 대한 태도 변수로 응답자 자신이 소속된 정당이 현재 여당인지, 소속된 정당과 자신의 이념적 거리감이 어느 정도인지, 소속 정당에 대한 선호는 어떤지, 그리고 정당에 대한 지식을 가졌는지를 분석에 추가하였다.[4] 이념적 거리감은 매우 진보인 0에서 매우 보수를 의미하는 10까지의 응답을 활용하여 그 차이를 절댓값으로 코딩하였으며, 소속 정당에 대한 선호 역시 0='매우 싫음', 10='매우 좋음'으로 측정하였다. 정당에 대한 지식의 경우 정치에 대한 전반적인 지식을 포함할 수도 있으나 정당이라는 조직에 국한 시키고자 "이번 21대 국회의원선거에서 두 번째로 많은 지역구 의석수를 차지하고 있는 정당은 어느 정당입니까?"라는 질문을 통해 정답과 오답으로 코딩하였다.

---

4. 정당일체감 역시 기존연구에서는 신뢰에 강한 영향을 미치는 요인으로 나타났다. 하지만 본 연구에서는 당원들을 살펴보고 있기에 정당일체감을 가지고 있는 응답자들이 90% 이상인 것으로 나타나 이에 대한 변수는 추가하지 못했다. 하지만 향후 정당일체감의 강도를 측정에서 당원 분석에 추가로 보완한다면 정당일체감의 정도에 따른 차이까지 확인해볼 수 있을 것으로 생각된다.

이슈에 대한 요인도 정치나 정치 기관에 대한 신뢰에 영향을 미치는 것으로 알려져 있기에, 본 연구에서는 한국에서 유권자들에게 민감할 수 있는 대북문제, 코로나19 평가, 그리고 총선 직후 조사였기에 각 정당에 공천과정에 대한 평가를 이슈로 포함하였다. 대북문제의 경우 단순히 응답자들이 대북문제에 대해 어떠한 태도를 보이는지에서 한발 더 나아가 자신이 지지하는 정당과 응답자가 취하고 있는 입장의 차이를 변수화하여 대북이란 이슈에 대해 정당과 응답자 간의 견해차를 살펴보았다. 문항은 "대북 정책에 있어 매우 온건을 0, 중도를 5, 매우 강경을 10이라고 할 때, 선생님 본인이 생각하시는 바람직한 대북정책은 어디에 가깝다고 생각하십니까?"와 "대북 정책에 있어 매우 온건을 0, 중도를 5, 매우 강경을 10이라고 할 때, 선생님이 생각하시는 각 정당의 대북정책은 어디에 가깝다고 생각하십니까?"를 사용하여 자신들이 소속된 정당에 대한 입장을 추출해 코딩하였다.

2020년은 코로나19와 4월 총선 이 두 가지의 큰 이슈가 한국사회에 존재하였다. 코로나19는 긴급재난지원금, 사회적 거리 두기 조치 등으로 여당과 정부, 그리고 야당 간의 갈등을 일으켰으며, 연동형 비례제가 도입된 뒤 치러진 4월 총선에서는 비례위성정당의 출현과 여야를 막론하고 공천과정에서의 잡음으로 국민에게 실망을 안겨주기도 하였다. 따라서 시의성을 갖는 두 변수를 이슈 요인에 포함하였다. 코로나19 평가의 경우 "선생님께서는 다음 정당들의 코로나19와 같은 감염병 문제 해결능력에 대해 어떻게 생각하십니까?"라는 변수를 통해 응답자 자신이 소속된 정당에 대한 응답을 변수로 활용하였으며, 공천과정 평가의 경우 "선생님께서는 각 정당의 후보자 공천과정에 대해 얼마나 만족하십니까?"를 사용하였다. 각각의 변수는 1='매우 낮다'…3='보통이다'…5='매우 높다', 1='매우 잘못했다'…4='매우 잘했다'의 응답을 가지며 응답이 높을수록 긍정적인 평가를 의미한다.

IV. 분석결과

한국인들의 정당에 대한 신뢰는 다른 기관들에 비해 현저히 낮은 수준이다. 윤종빈 외(2018)가 2017년에 조사한 자료를 통해 살펴본 결과 행정부에 대한 신뢰수준은 10점 만점에 3.25점, 입법부에 대한 신뢰는 2.77점인 반면 정당에 대한 신뢰는 2.39점에 불과했다. 행정부와 입법부에 대한 신뢰 또한 높은 수준은 아니지만, 정당에 대한 신뢰는 상당히 낮은 편이었다. 동기관에서 2020년 총선 직후 2,000여 명을 대상으로 조사한 '2020 총선 유권자 인식조사'에서도 주요 기관에 대한 신뢰를 묻는 질문에서 행정부는 10점 만점에 5.4점으로 가장 높았으며, 뒤이어 사법부가 4.0점, 입법부가 3.6점, 정당이 3.4점으로 대의제 기관인 입법부와 정당의 신뢰가 가장 낮게 나타났다.

그렇다면 당원들의 정당에 대한 신뢰는 어떠할지 본 연구에서 사용한 자료를 통해 살펴보았다. 분석결과 당원들의 경우 국민들과는 달리 정당에 대한 신뢰가 가장 낮게 나타나지 않았다. 입법부와 정당이 낮은 신뢰수준을 보였던 일반 국민과는 달리 4점 만점을 기준으로 행정부가 2.64로 가장 높은 신뢰를 보였으며, 정당이 2.25점, 입법부가 2.06점으로 정당에 대한 신뢰가 두 번째로 높게 나타났다. 신뢰가 가장 낮은 집단은 1.97점의 사법부인 것으로 나타났다. 이러한 결과는 일반 국민보다는 당원들에게 입법부와 정당에 대한 신뢰가 더욱 높다는 것을 보여 주며, 본 연구에서

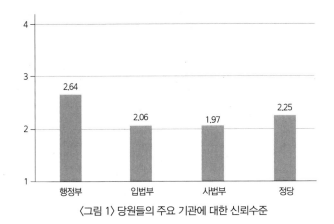

〈그림 1〉 당원들의 주요 기관에 대한 신뢰수준

주장하는 바와 같이 국민들의 대의제 기관에 대한 신뢰를 회복하는 실질
적 방안으로써 당원에 주목해야 한다는 것을 보여 준다.

한편 이러한 신뢰수준은 지지하는 정당이 어디인지에 따라 다르게 나
타날 수 있는데, 여당 지지자들이거나 현 정권과 이념적 유사성을 가지면
정치적 신뢰가 높아질 수 있다는 기존연구들이 존재한다(금현섭·백승주
2010; 정회옥 외 2014). 따라서 당원들에게도 이러한 차이가 확인되는지
주요 기관의 신뢰수준을 지지하는 정당별로 구분하여 살펴보았다. 주요
기관에 대한 신뢰는 같은 당원이라 하더라도 소속되어 있는 정당에 따라
차이가 있는 것으로 나타났다. 우선 더불어민주당과 더불어시민당의 당
적을 두고 있는 당원의 경우 행정부에 대한 신뢰가 가장 높았으며 정당에
대한 신뢰가 2.67점으로 다음으로 나타났다. 기존 연구와 마찬가지로 전
반적으로 여당인 더불어민주당 당원들의 주요 기관에 대한 신뢰 평균이
가장 높게 나타났다. 한편 제1야당인 미래통합당, 미래한국당 당원들의
경우 여당 당원들보다 대의제 기관에 대한 신뢰가 더욱 낮게 나타났다. 가
장 신뢰하는 기관이 행정부로 2.20점이었으며 다음으로 사법부가 2.16점

을 차지했다. 입법부와 정당에 대한 신뢰가 각각 1.98점, 2.07점으로 낮게 나타났다. 더불어민주당 당원의 경우 여당이고 특히 제21대 총선에서 총 300석 중 180석이라는 대승을 거둔 만큼 선거 승리로 인한 만족감이나 기대감 등이 영향을 미쳐 선거에서 실패한 야당의 당원들 보다 정당에 대한 신뢰가 높게 측정되었을 것으로 보인다.

이렇듯 당원들의 대의제 기관에 대한 신뢰는 일반 국민들에 비해 상대적으로 정당을 중심으로 높다는 것이 확인되었다. 다음으로 본 연구에서 주목하고자 하는 당내민주주의에 대한 변수들을 살펴보고자 한다. 당내민주주의에 대한 당원들의 인식은 절차적 민주성에서 더 나아가 실질적 민주성을 보여 주는 결과일 것이며, 그중에서도 어떠한 요인이 당원들에

〈표 1〉 당원들의 소속 정당별 주요 기관에 대한 신뢰수준

정당명	행정부	입법부	사법부	정당	N
더불어민주당 (더불어시민당)	2.86	2.14	1.97	2.67	885
미래통합당 (미래한국당)	2.20	1.98	2.16	2.07	250
정의당	2.69	2.09	1.93	2.24	69
열린민주당	2.82	1.98	1.85	2.16	62
민중당	2.24	1.57	1.65	1.79	41
국민의당	2.13	1.98	2.26	1.98	29
우리공화당	1.19	1.18	1.29	1.46	20
민생당	2.40	2.01	1.98	2.37	16
친박신당	2.06	2.05	1.88	2.20	5
한국경제당	3.27	3.00	3.00	2.57	3
기타정당	2.16	1.81	1.67	1.98	62
전체	2.64	2.06	1.97	2.25	1,443
ANOVA	df=10, F=31.959, p<0.01	df=10, F=6.801, p<0.01	df=10, F=5.397, p<0.01	df=10, F=10.01, p<0.01	

게 있어 주요하게 여겨지는지 정당들에 함의를 제공할 것이다.

우선 당내민주주의 중 당원의 참여와 관련한 변수에 대해 당원들의 인식을 분석해보았다. 전체 4점 만점에 공직선거 후보자 결정, 당의 정강 및 정책 두 항목 모두 2.71점으로 나타나 당원의 참여라는 측면에서 당원들이 느끼는 효능감은 크지 않은 것으로 보인다. 또한 이러한 인식은 보수 성향인 미래통합당 당원들에게서 상당히 낮게 나타났는데, 이는 보수 정당이 주로 당 지도부나 국회의원 중심으로 후보자 결정이나 당의 정강 및 정책이 선정되고 있기 때문으로 보인다. 같은 조사에서 현재 소속 정당 내 주요 정책결정자가 누구인지를 묻는 질문에 다른 정당 당원들과 달리 84.3%가 중앙당 지도부와 국회의원을 선택했다. 이는 당원들이 느끼기에 당내민주주의가 실현되고 있기보다 중앙당 지도부, 국회의원 중심으로 정당이 운영되고 있다는 인식이 만연한 것으로 해석된다. 미래통합당 당원들 외에 더불어민주당, 정의당 당원들도 같은 문항에 각각 72.8%, 60.9%가 중앙당 지도부와 국회의원을 당내 주요 정책결정자로 뽑았다.

하지만 당원으로서 참여의 부분에서 효능감이 낮거나 주요 정책결정자로 당내 지도부를 꼽더라도 그것이 정당에 대한 신뢰에 영향을 미칠지는 생각해볼 필요가 있다. 바람직한 정당 내 주요 정책 결정 주체에 대한 의식이 다를 수 있기 때문이다. 예를 들어 미래통합당 당원들의 경우 정당 내 주요 정책을 결정함에 있어 바람직한 행위자가 누구인지를 묻는 문항에서 더불어민주당 당원들이나 정의당 당원들이 중앙당 지도부와 국회의원이라고 응답한 비율이 44.6%, 34.8%인데 반해 57.6%에 달하는 것으로 나타났다. 비록 당내민주주의의 측면에서는 바람직하지 못할 수 있으나 당원에게 있어 그들이 이러한 정책 결정방식을 선호한다면 이 또한 존중받아야 할 필요가 있을 것으로 생각된다. 따라서 당내민주주의에 대한 당

〈표 2〉 당원들의 당내민주주의에 대한 인식: 당원의 참여

정당명	공직선거 후보자 결정	당의 정강 및 정책	N
더불어민주당(더불어시민당)	2.75	2.74	885
미래통합당(미래한국당)	2.21	2.24	250
정의당	2.79	2.87	69
열린민주당	3.25	3.10	62
민중당	3.24	3.17	41
국민의당	2.72	2.75	29
우리공화당	3.32	3.42	20
민생당	2.09	2.09	16
친박신당	3.32	3.15	5
한국경제당	3.00	3.27	3
기타정당	3.00	3.07	62
전체	2.71	2.71	1,443
ANOVA	df=10, F=20.318, p<0.01	df=10, F=18.838, p<0.01	

원의 인식은 단지 당원의 참여 측면에서만 보기에는 어려움이 있다.

미래통합당 당원들의 경우 중앙당과 지역 간 하향식 의사 결정 구조와 당과 당원 간 소통의 정도에서도 다른 정당에 비해 부정적 인식을 가지고 있었다. 중앙당과 지역 간의 관계는 당내민주주의에 있어 당의 조직과 구조에 있어 수평적 형태를 띠고 있는지를 보여 주기에 실질적으로 상향식 의사 결정이 이루어지지 않고 있다면, 당원들의 권한 역시 작을 것이며 당원의 효능감에 영향을 미칠 가능성이 크다. 또한 당내에서 민주주의가 제대로 이루어지고 있지 않음을 의미하기 때문에 당과 당원 간의 소통에 대한 부분에서도 불만족할 수밖에 없다. 가설2-2에서 미래통합당 당원들이 본래 보수적이고 다소 친 권위적인 성향을 가지고 있어 당내민주주의가 제대로 실현되지 않고 있음에도 그러한 인식이 오히려 정당에 대한 신뢰

<表 3> 당원들의 당내민주주의에 대한 인식: 수평적 구조

정당명	중앙당-지역 하향식 의사 결정	당-당원 소통	N
더불어민주당(더불어시민당)	2.57	2.67	885
미래통합당(미래한국당)	2.94	2.18	250
정의당	2.19	2.89	69
열린민주당	1.81	3.31	62
민중당	1.91	3.27	41
국민의당	2.35	2.63	29
우리공화당	2.73	3.49	20
민생당	2.74	2.08	16
친박신당	3.07	3.15	5
한국경제당	2.83	2.57	3
기타정당	2.04	3.08	62
전체	2.55	2.66	1,443
ANOVA	df=10, F=22.373, p<0.01	df=10, F=24.612, p<0.01	

로 이어질 가능성이 존재한다고 보았던 것과는 달리 추후 통계적인 분석을 해보아야 하겠으나 미래통합당 당원들 또한 당내민주주의에 대해 부정적인 인식을 가지고 있으며 동시에 정당에 대한 신뢰 역시 낮은 것으로 볼 수 있다.

반면 더불어민주당과 정의당 당원들의 경우 당내민주주의에 있어 다소 긍정적 인식이 있는 것으로 보인다. 특히 정의당 당원들의 경우 상향식 의사 결정과 당과 당원 간의 소통이 상대적으로 다른 정당 당원들보다 긍정적으로 나타나 당비 납부 당원의 수가 70.8%에 달할 정도로(중앙선거관리위원회 2019) 적극적으로 당원이 참여하는 당내 분위기를 확인할 수 있었다.

요컨대, 당내민주주의에 있어서 한국 정당의 당원들은 대체로 긍정적으로 인식하고 있었으나 보수 정당의 당원들에게서는 부정적 인식이 확인되었다.

그렇다면 이러한 당내민주주의에 대한 인식이 정당의 신뢰에 주요한 영향을 미치는 요인일지 주요 정당을 기준으로 순서회귀분석을 통해 살펴보고자 한다. 우선 소속 정당별로 구분하여 분석한 결과 미래통합당 당원과 더불어민주당 당원 간의 정당 신뢰에 영향을 미치는 요인이 확연히 차이가 나는 것을 알 수 있었다. 공통적으로는 당내민주주의 중 참여의 요인에서 공직선거 후보자를 결정하는 데에 있어 효능감이 높은 당원일수록(회귀계수 0.799, 승산비 2.22, p<0.05 / 회귀계수 0.274, 승산비 1.32, p<0.1) 정당에 대해 신뢰할 가능성이 큰 것으로 나타나 가설1은 채택되었다. 이러한 결과는 정당에 대한 신뢰를 회복하기 위해서 정당의 이념을 떠나 공직선거에서 당원이 영향력을 행사할 수 있도록 참여를 확대, 유도하는 것이 상당히 중요함을 의미한다. 그밖에는 두 정당 당원 간 공통으로 나타난 요인은 연령으로, 연령이 낮을수록 정당에 대한 신뢰가 높아진다는 것이 확인되어 젊은 세대의 정당 유입이 향후 정당에 대한 신뢰와 대의제 위기 해결에 주요한 영향력을 미칠 수 있을 것으로 생각된다.

반면 그 외에 모든 유의미한 변수들이 두 정당의 당원 간에 차이를 보였는데, 미래통합당 당원의 경우 앞서 당내민주주의의 수평적 구조 부분에서 어떠한 변수도 정당 신뢰에 영향을 미치지 않는 것으로 나타나 가설2-2는 기각되었다. 수평적 구조 요인은 정당 신뢰에 영향을 미치지 않았으나, 흥미롭게도 미래통합당 당원들에게 있어 더불어민주당 당원들과는 달리 이념과 대북문제라는 이슈 변수의 영향력이 나타났는데, 소속 정당과 자신의 이념적 거리감이 가까울수록(회귀계수 −0.200, 승산비 0.82, p<0.05), 대북문제에 있어 바람직하다고 생각하는 정책이 방향이 소속

〈표 4〉 당원들의 정당 신뢰에 영향을 미치는 요인: 순서회귀분석

			미래통합당		더불어민주당	
			계수	승산비	계수	승산비
당내 민주 주의	참여	공직선거 후보자	0.799** (0.339)a)	2.22	0.274* (0.161)	1.32
		당의 정강 및 정책	−0.386 (0.347)	0.68	0.262 (0.168)	1.30
	수평적 구조	중앙-지방 하향식	−0.235 (0.256)	0.79	0.049 (0.109)	1.05
		당-당원 소통	0.168 (0.293)	1.18	0.456*** (0.126)	1.56
소속 정당-자신 이념적 거리감			−0.200** (0.085)	0.82	−0.076 (0.049)	0.93
소속 정당 선호도			−0.010 (0.075)	0.99	0.172*** (0.044)	1.19
이슈	코로나19		−0.028 (0.183)	0.97	0.028 (0.106)	1.03
	대북		−0.162* (0.087)	0.85	−0.002 (0.036)	1.00
	공천과정		0.257 (0.204)	1.29	0.169** (0.086)	1.18
정치지식(정당)			0.876 (0.755)	2.40	−0.419* (0.224)	0.66
성별			−0.271 (0.380)	0.76	−0.300** (0.145)	0.74
연령			−0.034** (0.014)	0.97	−0.032*** (0.006)	0.97
학력			−0.098 (0.182)	0.91	−0.150* (0.077)	0.86
소득			0.003 (0.003)	1.00	−0.052* (0.029)	0.95
N			178		857	
수정된 R²			0.1154		0.1186	

주) *p<0.1, **p<0.05, ***p<0.01

정당과 유사할수록(회귀계수 −0.162, 승산비 0.85, p<0.1) 정당 조직에 대한 신뢰 자체도 높아지는 것이 확인되었다. 이는 한국 내 보수 정당의 당원들에게 있어 이념과 대북 문제가 상당히 중요하다는 것을 다시 한 번 확인시켜주는 결과이다.

한편 더불어민주당 당원들에게서는 당과 당원 간의 소통이 원활하다고 인식할수록, 소속 정당에 대한 선호가 높을수록, 공천과정에 대해 긍정적으로 평가할수록, 정당에 대한 정치적 지식이 없을수록, 여성일수록, 학력이 낮을수록, 소득이 낮을수록 정당에 대한 신뢰가 높아진다는 것이 확인되었다. 우선 당내민주주의의 수평적 구조 요인에 있어 다른 변수들은 영향력이 나타나지 않았으나 당원들이 직접적으로 느낄 수 있는 당과의 소통의 측면에서는 양(+)의 방향으로 결과가 나타났다. 이는 더불어민주당 당원들에게 당내민주주의 요소 중에서도 당과의 소통이 상당히 중요한 요인이 된다는 것을 보여 주어 가설2−1을 일부 채택하게 한다. 또한 소속 정당에 대한 선호 역시 유의미한 변수로 나타났으며, 공천과정을 긍정적으로 평가하는 당원일수록 정당에 대한 신뢰가 높다는 것이 확인되었다. 이는 더불어민주당의 경우 대의민주주의 위기의 해결을 위해 이념이나 이슈에 대한 부분보다 당원들과 소통하고 공천 등과 관련하여 당내에 잡음을 최소화함으로써 그들의 선호를 이어가는 노력을 기울여야 한다는 것을 보여 준다.

V. 마치며

분석을 통해 확인한 결과는 다음과 같다. 첫째, 한국의 당원들은 일반 국민들에 비해 대의제 기관, 특히 정당에 대한 신뢰가 높은 수준이다. 따라서 이들이 가지고 있는 신뢰를 바탕으로 국민들에게 접근한다면 대의제에 대한 신뢰 제고에도 충분히 가능성이 있을 것으로 보인다.

둘째, 당내민주주의에 대해서 대체로 당원들은 다소 긍정적인 인식이 있는 것으로 나타났으나, 보수 정당 당원들에게서는 부정적인 인식이 확인되었다. 이는 제21대 총선 이후 선거에서의 실패가 정당에 대한 부정적인 인식으로 이어졌거나, 본래 미래통합당 자체가 보수적 이념 성향을 가진 정당이기에 당원들의 인식에 있어서도 이러한 점이 반영되어 있을 수 있다.

셋째, 당원들의 정당에 대한 신뢰에 영향을 미치는 요인을 경험적으로 분석한 결과, 두 정당 소속 당원들에게서 모두 공직선거자 후보 결정에 있어 참여에 긍정적일수록 정당에 대한 신뢰가 높아지는 것으로 나타났다. 반면 정당별로는 미래통합당 당원들에게는 이념과 대북문제가, 더불어민주당 당원들에게는 당과의 소통, 소속 정당에 대한 선호도, 그리고 공천과정에 대한 평가가 정당에 대한 신뢰를 제고시키는 요인으로 상이하게 나타났다. 이는 대의제 기초 조직인 정당이 대의민주주의의 위기를 해결하기 위해서는 정당별로 다른 접근 방법을 통해 당원의 신뢰를 제고시켜 시민과의 연계 강화에 노력을 기울여야 할 것이며, 정당의 이념을 떠나 공통적으로는 공직선거 후보자 결정이라는 당내민주주의 요인에 중점을 두어 당원의 신뢰를 회복하고 더 나아가 국민들의 신뢰까지 회복해야 함을 시사한다.

전 세계적으로 대의민주주의는 위기를 맞고 있다. 최근 코로나19라는 유례없는 상황 속 다수의 나라에서 행정부의 권한은 더욱 강화되고 있고, 여당은 행정부에 대한 강력한 지지를 보내고 있으며, 상대적으로 입법부와 야당의 권한은 약화되어가고 있다. 한국 역시 21대 총선에서 거대 여당이 탄생해 행정부와 여당은 비대해진 상황이다. 이에 야당의 무능함과 입법부가 행정부를 견제하지 못하는 상황에서 국민들의 대의제에 대한 불만족과 불신은 증대하고 있다.

그러나 한국의 경우 다른 서구 국가들과는 달리 정당에 애착심을 가지고 활동하는 당원의 수가 지속적으로 증가하고 있어 이들을 통해 시민과 정당 간의 연계를 강화하고 대의제의 위기를 해결할 가능성을 가지고 있다. 당원은 정당의 근간이 되며, 시민과 국가를 잇는 중요한 정치적 집단이다. 따라서 본 연구의 결과가 정당들에 있어 당원의 정당에 대한 인식과 태도를 파악하고 그들의 중요성에 대해 재고시키길 바란다.

참고문헌

강원택. 2009. "한국 정당 연구에 대한 비판적 검토: 정당 조직 유형을 중심으로." 『한
　　국정당학회보』 8(2), 119-141.

곽진영. 2009. "한국 정당의 이합집산과 정당체계의 불안정성." 『한국정당학회보』 8(1),
　　115-146.

_____. 2010. "숙의 민주주의의 현실적 의의와 한계에 관한 연구: 2002년 촛불시위 사
　　례를 중심으로." 『교사교육연구』 49(2), 105-122.

김만흠. 2012. 『정당정치, 안철수 현상과 정당 재편』 서울: 한울아카데미.

김지범 외. 2019. 『한국종합사회조사 2003-2018』 서울: 성균관대학교 출판부.

김진주. 2020. "한국의 유동 당원에 대한 탐색적 연구." 『한국정치학회보』 54(2), 119-
　　144.

박영환. 2014. "지역의 전국화와 선거변동성: 광역수준에서 17대~19대 총선 분석." 『한
　　국정당학회보』 13(1), 123-153.

박희봉·신중호·황윤원. 2013. "정부신뢰의 요인-정부정책인가? 정치태도인가?" 『한국
　　정책학회보』 22(1), 465-493.

윤종빈. 2017. "국회의원 선거구획정의 쟁점과 개선방안." 『현대정치연구』 10(2), 131-
　　156.

윤종빈·김진주·정회옥. 2018. "한국 유권자의 정당 신뢰에 영향을 미치는 요인 분석."
　　『사회과학연구』 25(2), 152-174.

이곤수·정한울. 2013. "국회신뢰의 영향요인 분석-국민인식조사를 중심으로." 『한국
　　행정논집』 25(2), 359-381.

이동윤. 2010. "한국 정당연구의 비판적 검토: 논쟁적 비판을 위한 재검토." 『한국정당
　　학회보』 9(1), 183-201.

정당법 제4장.

정회옥. 2013. "한국 정당연구의 실증적 방법론 탐색." 『미래정치연구』 3(1), 101-124.

정희옥·윤종빈·김진주. 2014. "한국 유권자의 정치신뢰를 결정하는 요인." 『21세기 정

치학회보』 24(3), 415-430.

조인희·정경희·이호영. 2008. "정치적 태도가 정치적 신뢰와 참여에 미치는 영향에 관한 연구." 『정치커뮤니케이션 연구』 10, 175-207.

중앙선거관리위원회. 2019. 『2018년도 정당의 활동개황 및 회계보고』 서울: 성문기획.

프랜시스 후쿠야마. 2015. "신뢰의 기원." 『제5회 샤이오포럼 기조연설문』.

Arrow, K. 1972. Gifts and Exchanges. *Philosophy and Public Affairs*. 1(4), 343-362.

Bille, L. 2001. Democratizing a democratic procedure: Myth or reality? Candidate selection in Western European parties, 1960-1990. *Party politics*. 7(3), 363-380.

Coleman, J. S. 1988. Social Capital in the Creation of Human Capital. *American Journal of Sociology*, 94, 95-120.

Cross, W. P., and Katz, R. S. (Eds.). 2013. *The challenges of intra-party democracy*. OUP Oxford.

Dalton, R. J., and Wattenberg, M. P. (Eds.). 2002. *Parties without partisans: Political change in advanced industrial democracies*. Oxford University Press on Demand.

Dassonneville, Ruth. 2019. Dataset Net Volatility in Western Europe. https://doi.org/10.7910/DVN/AOVSGV, Harvard Dataverse, V1, UNF:6:UTvZW28 FnoV+ 6mVFRzPeTA== [fileUNF]

Duverger, M. 1954. *Political Parties: Their Organisation and Activity in Themodern State*. Methuen & Company.

Fukuyama, F. 1995. *Trust: The Social Virtues and the Creation of Prosperity*. London: Hamish Hamilton.

Gambetta, D. 1988. *Trust: Making and Breaking Social Relations*. Oxford: Oxford University Press.

Habermas, Jürgen. 1991. *The Structural Transformation of the Public Sphere*. Cambridge, MA: The MIT Press.

Hardin. R. 1998. Trust in Government. In V. Braithwaite and M. Levi (Eds.), *Trust and governance*. New York: Russell Sage.

Hazan R. Y. 2002. 'Candidate Selection'. In LeDuc L., Niemi R. G., Norris P. (Eds) *Comparing Democracies 2: New Challenges in the Study of Elections and Voting,*

London, Sage, 108-126.

Hetherington, M. J. 1998. The political relevance of political trust. *American political science review*. 92(4), 791-808.

Hooghe, M., and Kern, A. 2015. Party membership and closeness and the development of trust in political institutions: An analysis of the European Social Survey, 2002-2010. *Party Politics*. 21(6), 944-956.

Hooghe, M., and Oser, J. 2017. Partisan strength, political trust and generalized trust in the United States: An analysis of the General Social Survey, 1972-2014. *Social science research*. 68, 132-146.

Kaase, M. 1999. Interpersonal trust, political trust and non-institutionalised political participation in Western Europe. *West European Politics*. 22(3), 1-21.

Kang, S., and Zhu, J. 2020. Do People Trust the Government More? Unpacking the Distinct Impacts of Anticorruption Policies on Political Trust. *Political Research Quarterly*. 1065912920912016.

Katz, R. S., and Mair, P. 1995. Changing models of party organization and party democracy: the emergence of the cartel party. *Party politics*. 1(1), 5-28.

Key, Jr. V. O. 1958. *Politics, Parties and Pressure Groups*. New York: Crowell.

_____. 1964. *Politics, Parties and Pressure Groups*. New York: Crowell.

Kirchheimer, O. 1966. The transformation of western European party systems. In *Political parties and political development*. In J. La Palombara and M. Weiner(eds.). NJ: Princeton University Press.

Koo, S. 2018. Can intraparty democracy save party activism? Evidence from Korea. *Party Politics*. 26(1), 32-42.

Lawrence, R. Z. 1997. Is it Really the Economy, Stupid? In J. S. Nye, P. D. Zelikow , and D. C. King(Eds.), *Why People don't Trust Government*. Harvard University Press.

McLaren, L. 2010. Cause for Concern? The Impact of Immigration on Political Trust. *Policy Network Paper*. at www.policy-network.ne t/publications/3889/Cause-for-concern.

_____. 2011. Immigration and Trust in Politics in Britain. *British Journal of Political Science*. 42, 163-185.

_____. 2017. Immigration, national identity and political trust in European democracies. *Journal of Ethnic and Migration Studies*. 43(3), 379-399.

Newton, K. 2001. Trust, social capital, civil society, and democracy. *International political science review*. 22(2), 201-214.

Ostrom, E. 1990. *Governing the Commons: The Evolution of Institutions for Collective Action*. New York: Cambridge University Press.

Panebianco, A. 1988. *Political parties: organization and power*. Cambridge University Press.

Paxton, P. 2002. Social Capital and Semocracy: An Interdependent Relationship. *American Sociological Review*. 254-277.

Putnam, R. 1993. *Making Democracy Work: Civic Traditions in Modern Italy*. Princeton: Princeton University Press.

_____. 1995. *Tuning in, Tuning out: the Strange Disappearance of Social Capital in America*. PS: Politics and Political Science, 28(4), 664-683.

Radin, D. 2019. The effect of anticorruption policies on social and political trust: a comparative approach. *Social Responsibility Journal*.

Rahat, G. 2009. Which Candidate Selection Method is the Most Democratic? *Government and Opposition*. 44(1), 68-90.

Rahat, G., and Shapira, A. 2017. An intra-party democracy index: theory, design and a demonstration. *Parliamentary Affairs*. 70(1), 84-110.

Ugur-Cinar, M., Cinar, K., and Kose, T. 2020. How Does Education Affect Political Trust?: An Analysis of Moderating Factors. *Social Indicators Research*. 1-30.

Uslaner, E. M. 1997. *Voluntary organization membership in Canada and the United States*. In Meeting of the Association for Canadian Studies in the United States, Minneapolis (www. bsos. umd. edu/gvtp/uslaner/acsus97. pdf).

_____. 2002. *The Moral Foundation of Trust*. New York: Cambridge University Press.

Van Biezen, I, Mair, P, Poguntke, Th. 2012. Going, going, … gone? The decline of party membership in contemporary Europe. *European Journal of Political Research*. 51(1), 24-56.

Van Erkel, P. F., and Van Der Meer, T. W. 2016. Macroeconomic performance, political trust and the Great Recession: A multilevel analysis of the effects of within-country fluctuations in macroeconomic performance on political trust in 15 EU countries, 1999-2011. *European Journal of Political Research*. 55(1), 177-197.

Von dem Berge, B., Poguntke, T., Obert, P., and Tipei, D. 2013. *Measuring intra-party democracy*. Heidelberg: Springer.

Whiteley, P. 2011. Is the party over? The decline of party activism and membership across the democratic world. *Party Politics*. 17(1), 21-44.

Wroe, A. 2016. Economic insecurity and political trust in the United States. *American Politics Research*. 44(1), 131-163.

Zmerli, S., and Castillo, J. C. 2015. Income inequality, distributive fairness and political trust in Latin America. *Social Science Research*. 52, 179-192.

Zucker, L. G. 1986. Production of trust: Institutional sources of economic structure, 1840-1920. *Research in organizational behavior*. 8, 53-111.

제5장

한국 당원의 정당인식과 소속 정당 만족도: 정책, 리더십, 그리고 당내민주주의

유성진

이화여대

본 장은 『미래정치연구』 제11권 1호(2021)에 게재된 논문 "한국 당원의 정당인식과 소속정당 만족도"를 일부 수정 보완한 것이다.

I. 서론

"정당이 민주주의를 창출했고 근대민주주의는 정당 없이는 상상할 수 없다(The political parties created democracy and modern democracy is unthinkable save in terms of the parties)"라는 샤츠슈나이더의 오래된 명제(Schattschneider 1942, 1)에서 알 수 있듯이 현대 민주주의 정치과정에서 정당의 위상은 확고부동하였다. 선거를 통한 대표자의 선출과 권한의 위임이 대의민주주의의 핵심기제로 자리잡은 상황에서 공동체 구성원들의 다양한 이익표출의 결집과 이에 기반한 정책형성이라는 측면에서 정당이 다른 어떠한 조직보다도 대의민주주의의 실현에 중요한 역할을 수행하여 왔음을 부정하기는 어렵다.

그러나 현재에 이르러서도 정당의 확고한 위상이 여전히 유지되고 있는지에 관해서는 그리 긍정적이지 않다. 정당의 위상이 약화된 배경에는 정당이 스스로가 부여받은 이익결집과 정책형성의 기능을 충실히 수행하고 있지 못함에 따라 유권자들의 신뢰를 크게 잃어버린 데에 기인한다. 정당이 정치과정의 매개체로서 제 기능을 수행하지 못하고 시민사회에서 제기되는 문제와 갈등들을 제대로 관리, 해결하지 못하는 일이 빈번히 발생하면서 유권자들은 정당과 정치인 등 정치행위자들의 약속을 신뢰하지 못하게 되었다. 또한 이러한 불신의 결과, 다양성을 전제로 하는 민주주의의 속성상 불가피하게 수반되는 갈등을 유권자들의 이해관계가 반영된 당연한 현상으로서가 아니라 정파적 갈등의 발현으로 바라보는 경향 역시 강화되었다.

정당을 중심으로 한 대의민주주의의 위기는 디지털네트워크의 확산으로 한층 더 심각한 국면을 맞고 있다. 과학기술의 발전은 인간과 인간, 인간과 사물, 사물과 사물을 연결하며 새로운 네트워크 시대를 열고 있으며, 이는 정당의 매개로 유지되어 온 대의민주주의의 근본적인 변화를 불러 일으키고 있다(e.g. 강원택 2007; 김범수·조화순 2017; 윤성이 2015). 무엇보다도 유권자들은 과학기술의 발전에 힘입어 일상적으로 자신의 견해를 피력할 수 있는 기술적 수단들을 갖고 있어 정치적 의사교환을 위한 목적으로 더 이상 정당을 필요로 하지 않는다.

　유권자 신뢰의 측면에서 그리고 정치환경의 변화라는 측면에서 위기를 맞고 있는 정당의 현실은 우리나라의 경우도 예외가 아니다. 대통령의 탄핵으로 이어졌던 촛불집회는 대통령 개인의 무능력과 측근의 전횡에 기인한 것이었지만, 그 이면에는 이를 무책임하게 방조했던 정치체제와 정당에 대한 불신감을 토대로 이의 전면적인 변화를 요구하는 목소리가 크게 깔려 있었다. 그 핵심에는 유권자들의 목소리와 괴리된 정당의 폐쇄적인 의사 결정 구조를 변화된 정치환경에 맞추어 민주적이고 개방적인 형태로 일신하라는 요구가 있었음은 주지의 사실이다(최장집 외 2017).

　이 글은 우리의 정당들이 과연 민주적이고 개방적인 형태로 운영되고 있는지 정당에 소속되어 있는 당원들의 인식을 중심으로 검토함으로써 우리의 정당들이 변화된 정치환경이 요구하고 있는 개혁의 목소리를 얼마나 담아내고 있는지 파악하려는 목적을 담고 있다. 분석의 내용은 계파 갈등의 존재와 의사 결정 과정의 위계성, 당원 및 유권자들과의 소통 등 당원의 당내 이슈인식, 그리고 공직후보자 추천과 정강 및 정책의 결정 등 정당의 중요한 의사 결정에 당원의 의견이 얼마나 반영되는지에 초점을 맞추고 있다. 그리고 이러한 인식들을 중심으로 소속 정당의 정강 및 정책, 리더십, 그리고 당내민주주의에 대한 만족도에 특히 중요한 영향을 미치는 요인들은 무엇인지 파악한다. 이러한 검토결과는 우리의 정당들이 새로운 환경에 걸맞는 역할을 수행하기 위해서 필요한 개선점이 무엇인지 제시하는 데에 실증적인 근거로서 사용될 수 있을 것이다.

이러한 목적을 가진 글의 전체적인 구성은 다음과 같다. II장에서는 기존의 연구들을 중심으로 정당 위기의 원인과 이를 위한 극복방안들을 논의한다. III장에서는 당원인식조사를 중심으로 한국의 당원들의 특징적인 모습을 정당별로 살펴보고, 위에서 제시된 초점에 맞추어 소속 정당에 대한 만족도에 영향을 미치는 요인들은 무엇인지 경험적으로 분석한다. 마지막 IV장은 분석결과를 요약하고 이를 토대로 한국 정당의 변화에 있어서 특별히 주안점을 두어야 할 개혁방안은 무엇인지 제시한다.

II. 이론적 논의: 정당쇠퇴의 원인에 관한 두 가지 시각과 정당 개혁

현대 대의민주주의에서 유권자들과 정책결정자들을 연계하는 '매개체(intermediary bodies)'로서 역할하던 정당이 그 기능을 상실하고 있다는 점에 관해서는 일정한 합의가 존재한다. 20세기 초 보통선거권의 확립을 계기로 간부정당에서 대중정당으로 이행한 서구의 정당체제는 산업화 이후 다양화한 유권자들의 이해관계를 적절히 반영하지 못하게 됨에 따라 유권자 차원의 지지기반을 잃게 되는 위기를 맞았다. 이른바 '정당쇠퇴론(party-in-decline hypothesis)'을 주창하는 다양한 연구들에서 발견된 당원과 정당일체감을 가진 유권자들의 감소, 그리고 정당 활동에 대한 불신의 증가 등은 정당이 처한 위기를 직접적으로 보여 주는 증거였다(Dalton and Wattenberg 2002; Miller and Shanks 2006; Teixeira 1992).

위기에 처한 현대 정당들은 그 해법을 정당이 공적 기관으로서 갖는 성격을 강화하고 선거승리에 초점을 맞춘 정당 조직의 재편에서 찾았다. 포괄정당, 선거전문가정당, 카르텔정당과 같은 용어들은 당원과 지지자들의 후원 중심에서 국고보조금을 통한 정당운영방식을 강화하고 선거공영제를 통해 선거승리를 중심으로 조직을 꾸려 가는 방식으로 위기를 타개하려는 현대 정당들의 변화를 설명하기 위한 것이다(Katz and Mair 1995, 2009; Panebianco 1988). 이와 함께 정당의 독점적인 권한이었던 후보선출과정의 개방성을 높임으로써 당원과 유권자들의 참여를 양적으로 확대하는 노력도 나타났다. 후보선출과정에 있어 참여의 개방성 증진은 당내 경쟁에 관한 유권자들의 관심을 높이고 이것이 다시 공천과정의 민주화를 촉진시키는 긍정적인 변화로 이어질 것이라는 기대로 이어졌다(Adams amd Merrill III 2008).

그러나 이러한 변화노력에 대한 평가는 그다지 긍정적이지 못하다. 당원과 지지자들의 후원에서 선거공영제를 통한 선거중심의 정당으로의 운영방식의 변화는 당원의 영향력을 더욱 약화시킴으로써 정치과정의 핵심적인 연계기관으로서 정당의 기능을 한층 더 저하시켰다(Detterbeck 2005; Geer and Shere 1992). 게다가 후보선출과정의 개방성 강화를 통해 유권자들과의 접촉면을 확대하려는 시도는 선출과정에의 규칙결정에 관한 권한을 가진 지도부의 영향력을 강화하는 결과로 이어진 한편, 후보선출과정에서 이념적으로 극단적인 강성 지지자들의 영향을 배가시켜 유권자들과 더욱 괴리된 정당이라는 부정적인 결과를 낳았다(Brady, Han, and Pope 2007; Fiorina and Levendusky 2006; Hacker and Pierson 2005).

정당민주주의의 위기와 이에 대한 정당의 대응에 관한 부정적인 평가는 위기의 근본적인 원인에 관한 논의를 촉진시켰다. 정당민주주의에 초점을 맞춘 이 글의 논점에 맞추어 특히 주목할 만한 논의들은 유권자 차원의 변화에 집중한 연구들이다. 초기의 연구들은 정당쇠퇴의 원인을 유권자 개인의 정치참여에 대한 전반적인 관심의 저하에서 찾는다. 개인이 가지는 가치의 우선순위가 집단적인 이익의 추구에서 사적이고도 개인적인 목표 추구로 전이됨에 따라, 정치와 같이 집합적인 갈등을 중심으로 이루어지는 공적인 영역에 대한 개인의 관심이 약해졌고, 그것이 전반적인 정치참여에의 욕구 저하로 이어졌다는 주장이다. 이른바 "사회적 자본(social capital)"의 약화를 중심으로 개인의 비정치화와 정치과정의 연계 기관으로서 정당의 쇠퇴를 설명하는 연구들이 이러한 시각을 대표한다고 볼 수 있다(Putnam 2000; Mair 2013).

이와는 달리 정당의 쇠퇴를 유권자 개인이 갖는 가치 표출 방식의 변화에도 불구하고 이에 적절히 대응하지 못한 정당의 실패로부터 기인하였다고 주장하는 연구들이 존재한다(Dalton 2009; Inglehart and Welzel 2005; Norris 1999, 2002). 이들은 정당을 통한 전통적인 방식의 정치참여는 이전과 비교하여 감소하였지만 다른 한편으로 개인적인 관심에 따라 공적 사안에 대한 비전통적인 방식의 정치참여가 증가하는 현상에 주목한다. 이들에 따르면, 전통적인 방식에 기반한 정치참여의 감소는 유권자들의 정치에 대한 전반적인 관심의 저하로부터 직접적으로 기인하는 것이 아니라 개인이 추구하는 정치참여의 성격과 양태가 변화한 데에 제대로 반응하지 못한 정당의 폐쇄적인 구조가 파생한 결과이다.

예를 들어, 잉글하트와 웰젤은 정당을 통한 정치참여의 감소는 과거와 달리 한층 더 물질적인 그리고 인지적인 능력을 갖춘 유권자들이, 참여에의 방식으로서 집합적인 규칙과 훈육에 따르는 전통적인 방식보다는 시민적·정치적 자유의 발현을 선호하게 되었고, 이에 따라 정치참여를 "자아표현의 가치(self-expression values)"를 표출하는 수단으로 인식하게 되었다는 점에서 파생되었다고 본다(Inglehart and Welzel 2005, 7). 이러한 변화의 결과, 집합적인 차원에서 의사가 결정되고 이에 순응하는 전통적인 정치참여는 감소하였지만, 다양성을 전제로 개인의 자율성이 극대화될 수 있는 비전통적인 정치참여의 증가가 이를 대체하였다는 것이다.[1]

이러한 관점에서 보면, 정당의 쇠퇴는 유권자들의 전반적인 정치적 관심과 참여의 저하에 기인한 것이라기보다는 과거와 크게 달라진 개인의 정치참여 욕구와 방식을 정당이 적절히 수용하지 못한 결과가 된다. 위계적이고 엘리트 중심적인 기관으로 굳어진 정당은 새롭게 변모한 유권자들에게 적절한 정치참여에의 유인을 제공하지 못하며, 그러한 까닭에 정당을 통한 정치참여보다는 비전통적인 방식으로의 정치참여가 높아지는 상황이 배태된 것이다(Dalton and Wattenberg 2002).

위에서 살펴본 정당쇠퇴의 두 가지 시각은 위기에 대한 정당의 대처방안에 있어서 상반된 함의를 지닌다. 개인주의에 따른 유권자들의 비정치화에 주목한 첫 번째 시각에서는 정당이 현재 직면하고 있는 위기를 극복할 방안은 극히 제한적일 수밖에 없다. 정치적인 관심과 참여의 저하라는 부정적인 정치환경 속에서는 어떠한 제도개선을 통해서도 정당이 과거와 같이 대의민주주의의 연계기관으로서의 위상을 되찾는 것은 불가능하기 때문이다. 반면, 유권자들의 참여욕구와 방식의 변화에 집중한 시각은 정당이 변화한 유권자들의 성향에 부응하여 매력적인 정치참여의 수단으로 자신을 변모시킬 수 있다면 정치과정의 핵심적인 매개자로서의 위상을

---

1. 잉글하트와 웰젤은 이러한 과정을 "인지적 동원(cognitive mobilization)"이라는 용어로 표현한다 (Inglehart and Welzel 2005, 2).

되찾을 수 있음을 시사한다(Accetti and Wolkenstein 2017; Gauja 2015; Scarrow 2015).

　이러한 두 번째 시각은 우리의 정치현실에 있어서도 높은 정합성을 지닌다. 정당을 중심으로 한 정치과정의 오작동이 유권자들에게 정치와 정당에 대한 불신과 불만을 가져다준 것이 사실이지만, 우리의 유권자들은 이에 냉소적인 유권자로 머무르기보다는 자발성에 기반한 참여의지를 적극적으로 표출한 바 있다. 2000년대 이후 여러 차례 있었던 촛불집회는 우리의 시민들이 소극적인 방관자가 아니라 다양한 참여의 수단을 통해 적극적으로 목소리를 표출하였던 능동적인 참여자로 남아있음을 보여 주는 사례들이다. 이와 함께 더욱 중요한 사실은 이러한 참여가 전통적인 방식의 정치참여로도 이어지고 있다는 점이다. 민주화 이후 줄곧 하락추세를 보이던 우리나라의 투표율은 2010년을 기점으로 증가세로 돌아섰고,[2] 정당에 가입한 당원의 수 역시 2016년 촛불집회와 탄핵을 거치면서 가파른 증가추세에 있다.[3]

　그럼에도 한국의 정당들이 과거와 다른 변화를 추동해내고 있는지는 여전히 불투명하다. 우리의 정당들은 이전에 폐쇄적으로 운영되던 정당의 후보선출과정에 여론조사를 반영하거나 후보경선에의 참여의 폭을 일반 유권자들에게까지 확장함으로써 개방성을 높이려 하였지만, 그것이

---

2. 중앙선거관리위원회의 자료에 따르면 2017년 제19대 대선의 투표율은 77.2%로 민주화 이후 가장 낮은 투표율을 보였던 2007년의 63.0%에 비해 크게 높아졌다. 이와 유사하게 2008년 46.1%까지 하락하였던 국회의원선거의 투표율은 2020년 제21대 총선에서는 66.2%로, 2002년 48.9%에 머물렀던 지방선거의 투표율은 2018년 60.2%로 증가하였다.
3. 중앙선거관리위원회의 출간 자료에 따르면 2019년 말을 기준으로 우리나라의 당원 수는 모두 8,657,559명으로 파악된다. 이는 전체 인구대비 16.7%, 선거인 수 대비 20.0%에 이르는 수치이다. 최근의 변화를 보면 우리나라의 인구대비 당원의 비율은 2016년 11.8%, 2017년 14.5%, 2018년 15.1%로 증가추세에 있다(중앙선거관리위원회 2020, 11~20).

정당을 변화한 유권자들에게 매력적인 존재로 회복시켰는지에는 회의적인 시각이 많다(윤종빈 2012; 장훈 2010; 지병근 2010). 앞에서 제시된 이론적인 논의에 근거하여 이 글은 이렇게 된 이유가 양적인 측면에서 개방성의 확대보다는 질적인 측면에서 정당조직의 민주적인 개혁이 필요함에도 정당들이 그러한 시도를 등한시하였다는 점에서 찾는다. '인지적 동원'으로 참여의지를 새롭게 한 유권자들에게 정당이 매력적인 참여의 수단으로 다가가기 위해서는 무엇보다 당내 민주주의의 확장을 위한 조직개선이 시급함에도, 우리의 정당들은 이를 적극적으로 받아들이지 못하고 있기 때문이다(Accetti and Wolkenstein 2017, 101).

이러한 문제의식에서 이 글은 정당에 소속되어 있는 당원들의 인식을 중심으로 과연 우리의 정당들이 변화된 정치환경이 요구하고 있는 개혁의 목소리를 얼마나 담아내고 있는지 경험적으로 분석한다. 분석에 사용된 자료는 2020년 총선 직후 명지대학교 미래정책센터의 의뢰로 한국리서치가 수행한 "2020 총선 당원 인식조사"이다.[4] 당원의 당내민주주의에 대한 인식을 살펴본 경험적 연구들이 거의 없는 상황에서 이 글의 분석내용은 한국의 정당개혁을 위해 중요한 단서를 제공해 줄 것이다.[5]

---

4. 분석자료는 다음과 같은 방식으로 수집되었다. 먼저 모집단에 대한 정보가 없는 상황에서 자료의 편향성을 최대한 줄이기 위해서 인구사회학적인 대표성을 가진 42만 명의 응답자 패널을 대상으로 26,903명의 무작위 표본을 추출하였고, 그 중에서도 정당의 당원이라고 응답한 1,405명을 분석의 대상으로 파악하였다. 분석의 간결성을 위해 군소정당을 제외하고 더불어민주당, 미래통합당, 정의당의 당원들만을 최종 분석의 대상으로 하였으며 이에 따른 최종 표본의 수는 1,117명이다. 수집된 자료에서 당원의 소속 정당은 더불어민주당이 76.7%(857명)로 압도적이었으며, 미래통합당과 정의당은 각각 15.9%(178명), 8.2%(82명)를 차지하였다. 분석자료는 제21대 총선 직후인 2020년 4월 22일부터 5월 14일까지 웹서베이의 형태로 수집되었다.

5. 한국 당원들의 당내민주주의에 대한 예외적인 경험적 연구로는 강원택의 연구(2008) 정도가 있을 뿐이며 그마저도 선거연수원의 당원연수교육에 참여한 당원들을 대상으로 수집된 자료를 활용하였기에 표본의 선택편향(selection bias) 문제가 있을 수 있다. 한편 당원연구에 집중한 윤종빈·정수현 외의 단행본(2019)은 이 글과 같은 방식으로 수집된 자료를 분석하였으나 직접적으로

III. 한국 당원의 정당에 대한 인식과 만족도

1. 한국 정당 당원들의 현황과 특징

당원들의 당내민주주의 인식에 앞서서 한국 당원들의 특징을 살펴보았다. 〈표 1〉은 한국 당원들의 사회경제적인 특징을 정당별로 정리한 결과이다. 성별에 있어서 전체적으로 남성이 높은 비율을 차지한 가운데 더불어민주당이 상대적으로 높은 성비의 균형을 보이고 있었다. 연령에 있어서는 더불어민주당과 정의당에서 40대와 50대 당원의 비율이 높게 나타난 반면, 미래통합당의 경우 60대 이상이 가장 높은 당원의 비율을 차지한 점이 특기할 만하다.[6] 학력과 소득 수준의 측면에서는 정당별로 거의 유사한 비율을 기록하여 두드러진 차이가 없었다.

다음으로 당비 납부 여부와 소속 정당에서의 활동기간, 그리고 정당에의 가입경로 등 정당 활동 별로 당원들이 어떠한 차이를 보였는지 살펴보았으며 그 결과는 〈표 2〉에 정리되어 있다. 먼저 당비 납부 여부에 따라서는 더불어민주당과 정의당의 당원들이 70% 중반이 넘는 높은 납부비율을 보여 주고 있는 점에 비해, 미래통합당 당원들의 당비납부비율은 64%에 그쳐 상대적으로 낮은 것으로 나타났다. 반면, 소속 정당에서의 활동기간과 관련해서는 모든 정당에서 3년 이상 활동한 당원들의 비율이 가장 높게 나타났다. 정당별로는 정의당의 경우 당원의 45%가량이 3년 이상의 활동기간을 보여 가장 높았고 그 비율은 미래통합당(41.6%), 더불어민주

당내민주주의를 다루지는 않았다.

6. 미래통합당은 2020년 8월 31일 "국민의힘"으로 당명을 개정하였으나 여기에서는 조사시점에 따른 당명 미래통합당을 그대로 사용한다.

당(34.9%)의 순으로 낮아졌다. 마지막으로 정당에 가입한 경로에 있어서는 정의당 당원의 70.7%, 더불어민주당 당원의 60.7%가 자발적으로 가

〈표 1〉 정당별 당원들의 차이: 사회경제적인 측면

		더불어민주당	미래통합당	정의당
성별	남성	59.2(507)	75.3(134)	72.0(59)
	여성	40.8(350)	24.7(44)	28.0(23)
연령	18~29	8.5(73)	5.6(10)	6.1(5)
	30대	19.3(165)	10.1(18)	18.3(15)
	40대	31.3(268)	18.0(32)	30.5(25)
	50대	26.5(227)	27.5(49)	40.2(33)
	60대 이상	14.5(124)	38.8(69)	4.9(4)
학력	고졸	18.8(161)	23.0(41)	12.2(10)
	대졸	70.2(602)	69.7(123)	74.4(61)
	대학원 이상	11.0(94)	7.3(14)	13.4(11)
소득	2백만 미만	10.6(91)	15.7(28)	13.4(11)
	2백~4백	31.5(270)	32.6(58)	23.2(19)
	4백~6백	31.9(273)	24.7(44)	25.6(21)
	6백~8백	14.5(125)	14.6(26)	20.7(17)
	8백 이상	11.4(98)	12.4(22)	14.6(14)

주) 수치는 해당 항목의 비율(%). 괄호 안은 사례 수.

〈표 2〉 정당별 당원들의 차이: 정당 활동의 측면

		더불어민주당	미래통합당	정의당
당비납부 여부	예	75.6(648)	64.0(114)	79.3(65)
	아니오	24.4(209)	36.0(64)	20.7(17)
당원 활동 기간	1년 미만	25.8(221)	24.7(44)	24.4(20)
	1~2년	21.6(185)	19.1(34)	15.9(13)
	2~3년	17.7(152)	14.6(26)	14.6(12)
	3년 이상	34.9(299)	41.6(74)	45.1(37)
가입 경로	자발적 가입	60.7(520)	47.2(84)	70.7(58)
	권유로 가입	39.3(337)	52.8(94)	29.3(24)

주) 수치는 해당 항목의 비율(%). 괄호 안은 사례 수.

입했다고 응답한 반면, 미래통합당 당원의 절반 이상이 권유로 가입했다고 밝혀 대조를 보였다.

다음으로 한국 정당 당원들의 응집도를 파악하기 위해서 정당별 당원들의 이념적인 분포와 소속 정당에 대한 이념평가, 이념거리 등을 살펴보았고 그 결과는 〈그림 1〉과 〈표 3〉에 정리되어 있다.[7]

〈그림 1〉에 나타난 것처럼 전체적으로 정의당 당원들의 진보적인 성향이 두드러지게 나타나고 있는 가운데 더불어민주당과 미래통합당의 당원 역시 진보와 보수성향으로 상반된 분포도를 보이고 있었다. 다만 더불어민주당과 미래통합당의 경우 중간지점인 5점을 택한 당원의 비율이 가장 높다는 점에서 이념 성향이 중첩되는 모습도 관찰되었다. 그럼에도 〈표 3〉의 결과가 보여 주는 것과 같이 더불어민주당과 미래통합당의 당원들은 평균적으로 보았을 때 커다란 이념 성향의 차이를 나타내었다. 더불어민주당 당원들의 평균 이념 성향은 3.60으로 가장 진보적인 정당인 정의당의 그것과 큰 차이를 보이지 않은 반면에, 미래통합당 당원의 평균 이념 성향은 6.47로 보수적인 성향이 두드러졌다.

정당별 당원들의 이념적인 차이와 함께 두 가지 흥미로운 사실 역시 나타났다. 우선 소속 정당에 관계없이 우리 정당의 당원들은 본인보다 소속 정당의 이념 성향을 근소하지만 더 극단적인 것으로 인식하고 있었다. 또한 〈표 3〉의 세 번째 열에 정리된 당원과 당원의 소속 정당 간 이념거리의 평균에서 볼 수 있듯이 미래통합당 당원들의 소속 정당과의 이념적 동질성은 다른 두 정당에 비해 약하게 나타났다. 보다 구체적으로 미래통합당

---

7. 당원의 이념과 해당 당원에 의한 소속 정당 이념평가는 0(매우 진보)~10(매우 보수)의 척도로 측정되었다. 이념거리(평균)은 낭원의 이념과 해당 당원이 평가한 소속 정당의 이념 간 차이의 평균을 의미한다.

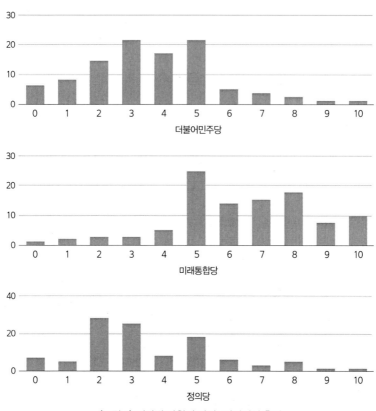

<그림 1> 정당별 당원의 차이: 이념적인 측면

<표 3> 당원과 소속 정당의 이념결집도

	당원이념평균	소속 정당 이념평가	이념거리(평균)	이념거리 표준편차
더불어민주당	3.60	3.49	1.35	1.508
미래통합당	6.47	6.94	1.96	2.068
정의당	3.24	2.57	1.33	1.466

당원 본인의 이념과 해당 당원이 평가한 미래통합당의 이념 간에는 평균적으로 1.96의 차이가 나타나 1.35와 1.33에 그친 더불어민주당과 정의당의 그것보다 컸고 표준편차 역시 높아 이념적 동질성이 상대적으로 떨어

지는 모습을 보였다.

2. 당원의 당내 이슈와 민주주의 인식: 만족도와 평가

그렇다면 우리 정당의 당원들은 소속 정당의 당내 이슈와 민주주의에 대해 어떻게 인식하고 있는가? 당내 민주주의에 대한 전반적인 만족도를 살펴보기에 앞서 당내 이슈에 대해 정당의 당원들이 어떻게 생각하고 있는지 검토하였고 그 내용은 〈표 4〉에 정리되어 있다. 분석결과는 다음의 몇 가지 특징으로 요약될 수 있다.

먼저 전체적으로 다른 정당에 비해서 미래통합당 당원들의 당내 이슈 인식이 크게 부정적으로 형성되어 있었다. 미래통합당의 당원들에서는 살펴보고 있는 네 가지 당내 이슈 모두에서 부정적인 인식이 압도적으로 높게 형성되어 있었는데, 특히 당내 계파갈등의 존재에 절대다수(94.4%)가 동의하고 있었고, 당원의 80% 이상이 "중앙의 결정이 지역조직에 일방적으로 하달된다"라고 인식하고 있었다. 또한 이들은 당과 당원들 간 그리고 당과 유권자들 간 소통에 있어서도 70%가 넘는 비율로 부정적으로 평가하고 있었다.

한편 더불어민주당의 당원들에 있어서는 당내 계파갈등의 존재와 위계적 의사 결정에 대해 과반수가 동의하고 있었지만(각각 66.5%와 54.7%), 당과 당원들 그리고 유권자들과의 소통에 관해서는 긍정적인 인식이 높아(각각 64.1%와 58.9%) 미래통합당과 흥미로운 대조를 보였다. 이와 같은 결과는 더불어민주당 당원들이 소속 정당의 갈등과 의사 결정 구조에 대해서 부정적인 인식을 갖고 있음에도 당내 소통에 있어서는 상대적으로 만족도가 높음을 의미하는 것이다.

마지막으로 정의당 당원들의 경우에서는 네 가지 당내 이슈 모두에서 긍정적인 인식이 높은 것으로 나타났다. 특히 정의당 당원들은 당내 의사 결정 과정의 민주성과 당과 당원들의 소통에 있어서 긍정적인 인식을 갖고 있어(각각 73.2%와 81.7%) 다른 두 정당들과 큰 차이를 보였다. 한편 당내 계파갈등의 존재와 당과 유권자의 소통에 있어서 정의당 당원들도 부정적으로 인식하고 있었지만, 이 역시 다른 정당들과 비교해서 같거나 낮은 것으로 나타났다.

〈표 4〉 정당별 당원들의 당내 이슈 인식

	계파갈등 존재		위계적 의사 결정		당과 당원의 소통활발		당과 유권자의 소통활발	
	동의	비동의	동의	비동의	동의	비동의	동의	비동의
더민주	66.5 (570)	33.5 (287)	54.7 (469)	45.3 (388)	64.1 (549)	35.9 (308)	58.9 (505)	41.1 (352)
미래 통합	94.4 (168)	5.6 (10)	81.5 (145)	34.7 (33)	27.0 (48)	73.0 (130)	24.2 (43)	75.8 (135)
정의	47.6 (39)	52.4 (43)	26.8 (22)	73.2 (60)	81.7 (67)	18.3 (15)	57.3 (47)	42.7 (35)
유의도	$x^2=74.302^*$		$x^2=75.686^*$		$x^2=102.317^*$		$x^2=72.159^*$	

주) 수치는 해당 항목의 비율(%), 괄호 안은 사례 수. * p<.01
각 이슈의 질문문항은 다음과 같다. "당내 계파 간 갈등의 존재한다." "중앙의 결정이 지역조직에 일방적으로 하달된다." "당과 당원들과의 소통이 활발하다." "당과 일반유권자의 소통이 활발하다."

공직선거 후보자 결정 그리고 당의 정강 및 정책 등 당내 중요 결정에 당원의 의견이 얼마나 반영되고 있는지에 대한 당원의 인식을 정리한 〈표 5〉의 결과도 앞의 분석과 유사한 양상을 보여 주고 있다. 여기에 있어서도 다른 정당들에 비해 미래통합당 당원들의 인식이 크게 부정적으로 나타났는데, 당원의 70%가량이 공직선거 후보자 결정과 당의 정강 및 정책 결정에 있어서 당원들의 의견이 반영되지 못하다고 인식하고 있었다. 반

	공직선거 후보자 결정		당의 정강 및 정책	
	반영	미반영	반영	미반영
더민주	71.8 (615)	28.2 (242)	69.9 (599)	30.1 (258)
미래통합	30.9 (55)	69.1 (123)	33.7 (60)	66.3 (118)
정의	73.2 (60)	26.8 (22)	80.5 (66)	19.5 (16)
유의도	x^2=111.080*		x^2=94.166*	

주) 수치는 해당 항목의 비율(%), 괄호 안은 사례 수. * p<.01

면 더불어민주당 당원은 응답자의 70%가량이 당의 중요한 두 결정에 있어서 당원들의 의견이 반영되고 있다고 인식하고 있었고, 정의당에 있어서는 긍정적인 비율이 더욱 높아졌다.

　다음으로 소속 정당의 정책 및 공약, 지도부 리더십, 그리고 당내 민주주의 전반에 관하여 각 정당의 당원들이 얼마나 만족하고 있는지 살펴보았으며 그 결과는 〈표 6〉에 정리되어 있다. 소속 정당의 당내 만족도에 있어서도 전체적인 패턴은 앞의 결과와 유사하게 반복되었다. 다른 두 정당들에 비해 미래통합당 당원들은 모든 항목들에 관한 당내 만족도에 있어서 부정적인 인식이 높게 나타났다. 특히 지도부 리더십과 당내 민주주의에 관한 만족도는 압도적으로 부정적이었는데, 당원의 66.3%가 지도부 리더십에, 61.8%가 당내 민주주의에 대해 불만족한다고 응답하였다. 반면, 더불어민주당의 당원들은 정책 및 공약, 지도부 리더십, 당내 민주주의 등 모든 항목에 있어서 높은 만족도를 보였고, 정의당 역시 정책 및 공약을 제외하고는 더불어민주당의 그것과 큰 차이가 나타나지 않았다. 더불어민주당과 정의당 당원 모두에게서 당내 민주주의에 대한 만족도가 가장 높게 나타난 것 역시 주목할 만한 특징이다.

　이상과 같은 결과들은 미래통합당을 제외하고는 한국 정당의 당원들이

	정책 및 공약			지도부 리더십			당내 민주주의	
	만족	보통	불만족	만족	보통	불만족	만족	불만족
더민주	61.1 (524)	28.9 (248)	9.9 (85)	58.0 (497)	28.4 (243)	13.7 (117)	78.8 (675)	21.2 (182)
미래 통합	19.7 (35)	27.5 (49)	52.8 (94)	12.9 (23)	20.8 (37)	66.3 (118)	38.2 (68)	61.8 (110)
정의	50.0 (41)	36.6 (30)	13.4 (11)	53.7 (44)	29.3 (24)	17.1 (14)	80.5 (66)	19.5 (16)
유의도	x^2=209.227*			x^2=247.002*			x^2=124.298*	

주) 수치는 해당 항목의 비율(%), 괄호 안은 사례 수. * p<.01

소속 정당의 이슈평가와 만족도에 있어서 대체적으로 긍정적인 인식을 하고 있음을 보여 준다.전체적으로 당내 이슈와 의견반영, 만족도에서 가장 긍정적인 인식을 갖고 있는 이들은 정의당의 당원들이며, 더불어민주당의 당원들 역시 이에 버금가는 인식을 보여 주고 있었다. 반면, 미래통합당 당원들은 거의 대부분의 항목에서 부정적인 인식이 높을 뿐 아니라 그 인식의 정도가 다른 두 정당들과 비교에서도 크게 차이를 보였다. 보다 세밀한 분석이 추가되어야 하겠지만 이는 미래통합당이 다른 정당들에 비해서 상대적으로 변화하는 당원들의 요구를 적절히 수용하지 못하고 있음을 시사한다.[8]

그렇다면 당원의 소속 정당 만족도에 영향을 미치는 요인들은 무엇인

---

8. 그렇다고 이러한 사실이 한국 정당들의 변화노력이 당내민주주의에 충분한 진전을 이루었음을 의미하는 것은 아니다. 이 글의 분석에서 다루지는 않았지만 조사자료에 포함된 "소속 정당의 주요 정책결정에 누가 가장 큰 영향력을 행사하는가?"라는 질문에 더불어민주당 당원의 50.8%, 미래통합당 당원의 62.4%, 정의당 당원의 48.8%가 중앙당 지도부라고 답하였다. 그럼에도 변화의 양상은 분명한데 2019년 같은 방식으로 조사된 자료에서 더불어민주당, 자유한국당, 정의당 당원들의 해당 질문에 대한 응답비율은 각각 59.3%, 47.8%, 49.2%였으며(이정진 2019, 167), 이는 그동안 더불어민주당과 미래통합당 당원들의 인식이 상반된 방향으로 변화했음을 보여 준다.

가? 〈표 7-1〉에서 〈표 7-3〉까지의 결과는 소속 정당의 정책 및 공약, 지도부 리더십, 당내민주주의에 대한 만족도에 영향을 미치는 요인들이 무엇인지 파악하기 위해 통계분석을 실시한 결과이다. 결과에 대한 논의에 앞서 분석모형에 관해 간략히 설명하면, 종속변수는 〈표 6〉에서 다룬 세 가지 항목에 대한 당원의 만족도 인식이며 높은 수치일수록 만족도가 높음을 의미한다.[9] 설명변수는 크게 네 가지 범주로 나뉜다. 첫째, 정당의 의사 결정 작동방식과 관련된 변수들로 앞에서 살펴본 당내 이슈에 대한 네 가지 인식, 그리고 공직후보자 추천과 정강 및 정책이라는 두 가지 주요 결정사안에 당원들의 의견이 반영되는지 여부를 핵심적인 독립변수로 포함시켰다.[10] 둘째, 정당 활동과 관련된 변수들로 당비 납부 여부, 자발적 가입여부, 당원 활동기간, 책임당원 이상(vs. 일반당원)의 네 가지를 모형에 포함시켰다.[11] 셋째, 당원 개인과 관련한 변수들로 이념거리, 정책거리, 미래통합당과 정의당의 더미변수로, 성별, 연령, 학력 등 사회경제적인 변수들을 통제를 위해 분석모형에 포함시켰다.[12] 마지막으로 정당별로 세부적인 차이를 살펴보기 위해 정당 활동과 당내이슈/당원의견반영 변수들 그리고 미래통합과 정의당 소속더미변수 간 상호작용변수를 모

---

9. 구체적으로 정책 및 공약 그리고 지도부 리더십에 대한 만족도는 질문문항에 맞추어 −1(불만족), 0(보통), 1(만족)의 수치로 범주화되었고, 당내민주주의 만족도는 0(불만족), 1(만족)의 이분형 변수로 설정되었다. 해당 종속변수의 특성에 따라 〈표 7-1〉과 〈표 7-2〉에서는 순서형로짓, 〈표 7-3〉에서는 이분형로짓의 분석방법을 사용하였다.
10. 이 변수들은 선택항목에 따라 '동의(1)/비동의(0)' 혹은 '반영(1)/미반영(0)'의 이분형 범주로 코딩되었다.
11. 첫 번째와 두 번째, 그리고 네 번째 변수는 해당 내용을 표현하는 이분형 변수로, 당원 활동기간은 1년 미만에서 3년 이상을 연 단위로 세분한 4점 척도로 측정되었다.
12. 이념거리는 당원과 당원이 평가한 소속 정당의 이념 간의 차이를, 정책거리는 바람직한 대북정책에 관한 본인과 소속 정당 간 거리를 의미하며, 0(매우 온건) ~ 10(매우 강경)의 11점 척도로 측정된 양자의 차이를 나타낸다. 미래통합당과 정의당의 소속당원은 더불어민주당 소속당원을 기준변수로 한 더미변수로 코딩되었다.

형에 추가하였다.

먼저 소속 정당의 정책 및 공약에 대한 당원들의 만족도를 분석한 〈표 7-1〉의 결과를 보자. 분석모형은 모두 네 가지인데 '모형 1'은 독립변수 전체의 포함하여 주효과를 보기 위한 것이고, '모형 2'와 '모형 3'은 정당 활동변수 그리고 당내민주주의에 관한 세부 항목 변수들과 소속 정당 더미변수 간 상호작용변수를 각각 포함하였다. '모형 4'는 독립변수와 상호작용변수 모두를 포함한 통합모형이다. 주목할 만한 결과들은 다음과 같이 요약될 수 있다.

첫째, 당내민주주의에 관한 세부 항목 변수들은 모든 모형에서 종속변수에 유의미한 영향을 보이고 있었다. 당내 계파갈등의 존재와 위계적인 의사 결정에 동의하는 당원들은 그렇지 않은 당원들에 비해 소속 정당의 정책 및 공약에 대한 만족도가 떨어졌다. 반면, 당과 당원/유권자와의 소통이 활발하다고 인식할수록, 당의 중요한 결정에 당원들의 의견이 잘 반영된다고 생각할수록 정책 및 공약에 대한 만족도가 높아지고 있었다. 이와 같은 사실은 소속 정당 만족도가 당이 갖고 있는 갈등의 정도와 의사 결정 과정의 민주성, 그리고 소통을 통한 의견반영 등 민주적인 절차와 관련된 인식들에 의해 크게 좌우되고 있음을 보여 주는 것이다.

둘째, 당비납부 여부와 정당의 가입경로, 활동기간 등 당원의 정당참여와 활동과 관련된 변수들은 정책 및 공약에 관한 소속 정당 만족도에 유의미한 영향을 미치지 못하였다. '모형 1'과 '모형 2'에서 일반당원에 비해 책임당원 이상의 응답자들이 소속 정당의 정책 및 공약에 보다 만족하는 것으로 나타났지만 그 영향력은 이후의 모형에서 통계적으로 유의미하지 않게 나타났다. 이는 정당참여와 활동에 관한 당원 개인적인 요인들이 정당 만족도에는 영향을 미치지 않음을 의미하는 것으로 결국 개인의 참여

보다는 당내 의사 결정 과정과 의견반영 등 질적인 차원의 민주주의와 관련된 요인들이 만족도와 직접적인 영향을 미치는 것임을 뒷받침하는 것이다.

셋째, 당원의 사회경제적 요인과 태도변수들에서도 세 가지 흥미로운 사실이 확인되었다. 먼저 당원 개인과 정당의 이념거리 그리고 정책거리는 소속 정당의 정책 및 공약 만족도에 유의미한 영향을 미쳤다. 거리가 커지면 커질수록 만족도를 하락시킨다는 분석결과는 논리적으로 쉽게 이해할 수 있는 것이다. 다음으로 모든 모형에서 더불어민주당에 비해 미래통합당 당원들의 정책 및 공약 만족도가 낮게 나타났으며, 이는 앞의 교차분석의 결과가 통계분석에서도 확인되고 있음을 보여 주는 것이다. 마지막으로 여성보다는 남성에게서 그리고 연령이 높을수록 소속 정당의 정책 및 공약에 대한 만족도가 유의미하게 높아지고 있었다. 이는 우리의 정당들이 여전히 남성중심적이고 젊은 연령층의 당원들에게 그다지 호의적인 평가를 받고 있지 못함을 의미하는 것이다.

다음으로 지도부 리더십에 대한 만족도를 분석한 결과를 보자. 〈표

〈표 7-1〉 당원의 인식과 소속 정당 만족도: 정책 및 공약

	독립변수	모형 1	모형 2	모형 3	모형 4
당원 개인 /정당	성별(여성)	-.431(.144)**	-.439(.144)**	-.473(.145)**	-.480(.146)**
	연령	.168(.060)**	.169(.060)**	.165(.061)**	.170(.062)**
	학력	-.113(.130)	-.115(.131)	-.132(.131)	-.136(.132)
	가구소득	-.001(.036)	.001(.036)	.011(.037)	.014(.037)
	효능감	.248(.138)	.255(.139)	.290(.140)*	.302(.141)*
	이념거리	-.204(.043)**	-.202(.043)**	-.214(.043)**	-.214(.044)**
	정책거리	-.097(.033)**	-.097(.033)**	-.099(.033)**	-.100(.033)**
	미래통합당	-1.441(.190)**	-1.628(.571)**	-2.390(.737)**	-2.867(.924)**
	정의당	-1.008(.259)**	-.459(.888)	-.622(.828)	.391(1.239)

정당 활동	당비납부 여부(①)	.065(.164)	.005(.193)	.076(.166)	.020(.192)
	자발적가입여부(②)	.175(.144)	.219(.170)	.138(.147)	.234(.170)
	당원 활동기간(③)	.135(.091)	.123(.107)	.138(.092)	.103(.106)
	책임당원 이상(④)	.312(.157)*	.370(.181)*	.283(.159)	.352(.181)
	① × 미래통합		.474(.416)		.563(.441)
	② × 미래통합		−.030(.355)		−.342(.384)
	③ × 미래통합		.003(.223)		.149(.242)
	④ × 미래통합		−.339(.411)		−.416(.442)
	① × 정의당		−.354(.658)		−.568(.682)
	② × 정의당		−.511(.559)		−.440(.564)
	③ × 정의당		.050(.311)		.013(.320)
	④ × 정의당		−.089(.582)		−.331(.599)
당내 이슈 인식 / 당원 의견 반영	계파간갈등존재(①)	−.441(.179)*	−.434(.180)*	−.541(.202)**	−.534(.203)**
	위계적 의사 결정(②)	−.438(.160)**	−.433(.161)**	−.415(.184)*	−.410(.184)**
	당원소통활발(③)	.661(.188)**	.662(.189)**	.609(.224)**	.614(.225)**
	유권자소통활발(④)	.837(.187)**	.836(.188)**	.828(.224)**	.823(.225)**
	공직후보추천(⑤)	.879(.182)**	.878(.183)**	.695(.209)**	.693(.209)**
	정강정책(⑥)	.450(.181)*	.461(.182)*	.479(.208)*	.468(.209)*
	① × 미래통합			.717(.719)	.770(.723)
	② × 미래통합			−.353(.452)	−.381(.472)
	③ × 미래통합			.435(.498)	.501(.503)
	④ × 미래통합			.461(.503)	.540(.510)
	⑤ × 미래통합			1.165(.516)*	1.171(.522)*
	⑥ × 미래통합			−.456(.513)	−.404(.521)
	① × 정의당			.282(.513)	.235(.520)
	② × 정의당			−.128(.606)	−.260(.645)
	③ × 정의당			−.886(.724)	−1.116(.750)
	④ × 정의당			−.215(.584)	−.303(.594)
	⑤ × 정의당			.570(.733)	.661(.754)
	⑥ × 정의당			−.093(.715)	−.043(.731)
cut 1(불만족)		−.655(.566)	−.640(.581)	−.817(.581)	−.805(.594)
cut 2(보통)		1.642(.569)**	1.661(.584)**	1.516(.583)**	1.535(.596)**
Pseudo R^2		.417	.419	.426	.428
N		1117			

주) 수치는 순서형로짓계수, 괄호 안은 표준편차. * $p<.05$, ** $p<.01$

7-2〉에 정리된 분석결과는 〈표 7-1〉의 결과와 대체적으로 유사하다. 개인의 정당 활동과 관련된 변수들은 모든 모형에서 통계적으로 유의미한 수준에 미치지 못하였고, 이보다는 당내민주주의와 관련된 항목들의 영향이 소속 정당의 지도부 리더십에 대한 만족도에 직접적인 영향을 갖는 것으로 나타났다. 계파간 갈등의 존재 그리고 위계적 의사 결정에 대한 동의는 소속 정당 지도부의 리더십에 대한 당원의 만족도를 저하시키는 반면, 당과 당원 간 소통이 활발하다고 느낄수록, 당의 정강정책에 당원의 의견이 잘 반영된다고 인식할수록 지도부 리더십 만족도에 긍정적인 영향을 미쳤다. 그러나 당과 유권자들과의 소통과 공직후보자 추천에 있어 당원들의 의견반영은 그 자체로 소속 정당 지도부의 리더십 만족도에 직접적인 영향을 미치지 못했으며, 미래통합당과 정의당의 당원들에게서만 긍정적인 효과가 나타났다. 이러한 결과는 두 정당 지도부가 당원들에게 호의적인 평가를 받기 위해서는 당원들과의 소통 그리고 공천과정에서 당원들의 의견을 보다 적극적으로 반영해야 할 필요성을 의미한다.

한편 당원 개인의 요인들과 관련해서 소속 정당 지도부의 리더십 만족도는 이념거리가 중요한 결정요인으로 나타났고 정책거리는 그렇지 못하였다.[13] 또한 앞의 결과와 유사하게 우리 정당들의 지도부는 여성 당원들과 젊은 연령층의 당원들로부터 그다지 호의적인 평가를 받지 못하고 있었다. 이와 함께 지도부 리더십 만족도에 있어서도 미래통합당 당원들의 평가는 모든 모형에서 크게 부정적인 것으로 나타났다.

마지막으로 정당 당원들의 당내민주주의 전반에 대한 만족도에 영향을

---

13. 이는 정책거리가 오직 대북정책의 측면에서만 측정되었기 때문에 나타난 결과일 수도 있다. 보다 면밀한 분석을 위해서는 다양한 정책들에 관한 자료가 필요하지만 분석자료의 한계로 인해 그러지 못하였다.

미치는 요인들은 무엇인지 살펴보았으며 그 결과는 〈표 7-3〉에 정리되어 있다. 여기에서도 앞의 분석결과와 유사하게 당원의 정당 활동보다는 당내 계파갈등의 존재 인식, 의사 결정 과정의 위계성 인식, 당과 당원들의 소통인식, 그리고 공직후보자 추천과 정강정책에의 당원들의 의견반영 등 당내민주주의에 관한 세부 요인들의 영향력이 확인되었다. 더불어 다른 정당에 비해 미래통합당의 당원들에게서 당내민주주의에 관한 만족도가 크게 떨어지는 점도 다시금 관찰되었다. 그렇지만 이와 함께 앞의 결

〈표 7-2〉 당원의 인식과 소속 정당 만족도: 지도부 리더십

	독립변수	모형 1	모형 2	모형 3	모형 4
당원개인	성별	-.432(.141)**	-.440(.142)**	-.475(.143)**	-.488(.144)**
	연령	.158(.060)**	.157(.060)**	.148(.061)*	.150(.061)*
	학력	-.074(.128)	-.085(.129)	-.098(.129)	-.103(.130)
	가구소득	-.002(.036)	.003(.036)	-.001(.036)	.003(.037)
	효능감	.057(.137)	.089(.139)	.071(.258)	.096(.141)
	이념거리	-.176(.043)**	-.176(.043)**	-.185(.043)**	-.184(.044)**
	정책거리	-.044(.033)	-.044(.033)	-.043(.033)	-.042(.033)
	미래통합당	-1.789(.199)**	-1.982(.605)**	-2.580(.739)**	-2.698(.939)**
	정의당	-.954(.258)**	.948(.952)	-1.099(.836)	.615(1.306)
정당활동	당비납부 여부(①)	-.010(.165)	-.017(.190)	.024(.167)	.009(.189)
	자발적가입 여부(②)	-.025(.145)	-.038(.167)	-.047(.147)	-.003(.167)
	당원 활동기간(③)	-.058(.090)	.000(.104)	-.062(.092)	-.011(.103)
	책임당원 이상(④)	.165(.154)	.118(.175)	.144(.157)	.103(.174)
	① × 미래통합		.165(.450)		.186(.476)
	② × 미래통합		.486(.382)		.228(.410)
	③ × 미래통합		-.113(.239)		-.066(.259)
	④ × 미래통합		.185(.437)		.168(.468)
	① × 정의당		-.359(.680)		-.207(.723)
	② × 정의당		-.888(.577)		-1.117(.620)
	③ × 정의당		-.499(.320)		-.603(.349)
	④ × 정의당		.301(.584)		.284(.628)

당내이슈인식 / 당원의견반영	계파 간 갈등존재(①)	-.946(.178)**	-.959(.179)**	-.970(.200)**	-.968(.201)**
	위계적 의사 결정(②)	-.558(.155)**	-.547(.157)**	-.623(.176)**	-.616(.177)**
	당원소통활발(③)	.876(.186)**	.872(.188)**	1.046(.222)**	1.051(.222)**
	유권자소통활발(④)	.531(.185)**	.520(.185)**	.236(.222)	.231(.222)
	공직후보추천(⑤)	.575(.181)**	.594(.182)**	.334(.206)	.340(.206)
	정강정책(⑥)	.717(.180)	.715(.181)**	.844(.205)**	.833(.206)**
	① × 미래통합			.158(.717)	.133(.719)
	② × 미래통합			.006(.473)	-.001(.489)
	③ × 미래통합			-.459(.521)	-.486(.530)
	④ × 미래통합			1.262(.512)*	1.207(.518)*
	⑤ × 미래통합			1.329(.535)*	1.331(.539)*
	⑥ × 미래통합			-.502(.536)	-.503(.539)
	① × 정의당			.285(.522)	.251(.546)
	② × 정의당			.575(.623)	.889(.687)
	③ × 정의당			-1.183(.728)	-1.196(.784)
	④ × 정의당			1.268(.585)*	1.400(.604)*
	⑤ × 정의당			1.460(.745)*	1.737(.783)*
	⑥ × 정의당			-1.261(.728)	-1.097(.758)
cut 1(불만족)		-1.678(.566)**	-1.522(.581)**	-1.964(.583)**	-1.791(.595)**
cut 2(보통)		.354(.564)	.522(.580)	.101(.580)	.284(.593)
Pseudo R²		.437	.442	.448	.453
N		1117			

주) 수치는 순서형로짓계수, 괄호 안은 표준편차. * p<.05, ** p<.01

과와는 몇 가지 차별적인 결과 역시 도출되었다.

　우선 당과 유권자들 간 소통에 관한 정의당 당원들의 인식이다. 양 자간 상호작용변수의 결과에 따르면 당과 유권자들의 소통은 오직 정의당 당원들에게서만 당내민주주의 평가에 긍정적인 영향을 미쳤다. 이는 두 거대정당에 비해 상대적으로 취약한 유권자 지지기반을 갖고 있는 정의당의 당원들에게서 유권자들과의 소통이 당내민주주의에 대한 만족도를 높이는데 중요한 요인임을 의미한다. 물론 이러한 사실은 당내민주주의와 관련한 세부 항목들이 당내민주주의에 대한 만족도에 대해 갖는 중요성의 의미를 해치는 것은 아니며,**14** 단지 정의당이 유권자 소통에 보다 집중적인 노력을 쏟을 필요가 있음을 내포하는 것이다. 또한 정의당의 책임당원 이상의 당원들이 당내민주주의에 대한 만족도가 낮게 나타난 점 역시 흥미로운 사실이다. 이와 관련해서는 두 가지 추론이 가능한데, 우선 일반당원들에 비해 책임당원들이 정당에 대한 관여도가 높고 당내민주주의에 대한 이해와 정보가 더 높은 까닭에 나타난 결과일 가능성을 생각해 볼 수 있다. 책임당원들이 당내민주주의의 작동과정에 대해 보다 자세히 알고 있고 이로부터 부정적인 인식을 가졌을 수 있다. 다른 하나는 책임당원 이상의 정의당 당원들과 일반당원들이 원하는 당내민주주의의 정도가 차이를 보일 수 있다는 점이다. 이는 정당에 대한 관여도와 애착심이 높은 책임당원들의 경우 한층 더 높은 당내민주주의의 수준을 요구할 개연성에 근거한 것이다. 어떤 이유에서건 정의당의 결과는 당내민주주의의 작동이 다른 정당에 비해 체계적인 방식으로 이루어지고 있다는 점을 고려하면 그 결과가 부정적으로 해석될 필요는 없어 보인다.

더불어 당원 개인적인 요인들의 영향력에서도 차별적인 결과가 나타났다. 정책거리보다는 이념거리가 당내민주주의에 관한 만족도에 중요한 요인임은 다시금 확인되었지만, 성별과 연령의 영향력은 통계적으로 유

---

14. 당과 유권자와의 소통변수를 제외한 5개의 당내민주주의 관련 요인들이 당원의 당내민주주의 인식에 미치는 영향력은 대단히 크다. 회귀계수 자체로부터 직접적인 해석을 할 수 없는 이분형 로짓분석의 특성을 감안하여 각 요인의 영향력을 승산비로 표현하면 계파간 갈등존재(.486), 위계적 의사 결정(.547), 당과 당원들의 소통(2.699), 공직후보추천(1.856), 정강정책 결정(2.540)과 같다. 계수의 부호를 고려하면 계파간 갈등존재에 동의하는 당원들이 그렇지 않은 이들보다 당내민주주의에 만족한다고 응답할 확률은 48.6% 감소하며, 당과 당원들의 소통이 활발하다고 인식하는 당원들이 그렇지 않은 이들보다 당내민주주의에 만족할 확률이 2.7배 가까이 높아짐을 의미한다.

〈표 7-3〉 당원의 인식과 소속 정당 만족도: 당내민주주의

	독립변수	모형 1	모형 2	모형 3	모형 4
당원개인	성별	-.317(.184)	-.315(.186)	-.314(.186)	-.311(.189)
	연령	.112(.076)	.113(.077)	.099(.079)	.095(.079)
	학력	-.410(.169)*	-.424(.171)*	-.432(.172)*	-.438(.174)*
	가구소득	.029(.047)	.031(.047)	.028(.047)	.026(.048)
	효능감	.022(.173)	.061(.177)	.017(.176)	.043(.180)
	이념거리	-.219(.054)**	-.225(.055)**	-.225(.055)**	-.239(.056)**
	정책거리	-.062(.041)	-.059(.041)	-.067(.041)	-.061(.042)
	미래통합당	-1.021(.222)**	-1.835(.679)**	-1.315(.862)	-2.241(1.081)*
	정의당	-.536(.367)	.391(1.421)	-.167(1.076)	1.724(1.979)
정당활동	당비납부 여부(①)	.200(.210)	.000(.253)	.217(.214)	.008(.252)
	자발적가입여부(②)	.164(.185)	.108(.223)	.127(.190)	.121(.224)
	당원 활동기간(③)	-.053(.116)	-.077(.138)	-.039(.118)	-.072(.137)
	책임당원 이상(④)	-.272(.201)	-.077(.234)	-.251(.206)	-.083(.233)
	① × 미래통합		.510(.499)		.547(.531)
	② × 미래통합		.250(.431)		.090(.459)
	③ × 미래통합		.239(.266)		.340(.289)
	④ × 미래통합		-.406(.499)		-.380(.544)
	① × 정의당		1.166(1.001)		1.661(1.125)
	② × 정의당		.004(.851)		.308(.953)
	③ × 정의당		-.492(.501)		-.756(.565)
	④ × 정의당		-1.773(.888)*		-2.431(1.155)*
당내이슈인식 / 당원의견반영	계파간 갈등존재(①)	-.738(.252)**	-.771(.255)**	-.729(.286)*	-.722(.287)*
	위계적 의사 결정(②)	-.590(.209)**	-.600(.213)**	-.602(.251)*	-.603(.251)*
	당원소통활발(③)	.825(.231)**	.818(.236)**	.995(.287)**	.993(.289)**
	유권자소통활발(④)	.686(.240)**	.703(.243)**	.382(.295)	.379(.296)
	공직후보추천(⑤)	.693(.214)**	.736(.216)**	.604(.249)*	.619(.249)*
	정강정책(⑥)	.801(.214)**	.781(.216)**	.939(.250)**	.932(.250)**
	① × 미래통합			.507(.848)	.485(.856)
	② × 미래통합			-.468(.551)	-.585(.573)
	③ × 미래통합			-.265(.587)	-.170(.599)
	④ × 미래통합			.765(.603)	.814(.615)
	⑤ × 미래통합			.913(.589)	.837(.595)

⑥ × 미래통합			−.655(.586)	−.593(.597)
① × 정의당			−.398(.785)	−1.208(.950)
② × 정의당			.746(.832)	.800(.906)
③ × 정의당			−.379(.881)	−1.085(1.085)
④ × 정의당			1.883(.948)*	2.373(1.076)*
⑤ × 정의당			−.717(.955)	.308(1.102)
⑥ × 정의당			−.541(.860)	−1.143(.952)
상수항	1.504(.723)*	1.583(.749)*	1.616(.747)*	1.729(.771)*
적중률(%)	81.3	81.9	82.1	82.2
N	1117			

주) 수치는 이분형로짓계수, 괄호 안은 표준편차. * p<.05, ** p<.01

의미하지 못하였다. 특기할 만한 점은 앞의 결과와는 달리 당내민주주의에 대한 만족도는 당원들의 학력수준에 따라 달라졌다는 것이다. 학력이 높을수록 당내민주주의에 대한 만족도가 하락하는 모습은 학력과 민주주의 인식 간의 관련성이라는 측면에서 이해 가능한 결과라 할 수 있다.

IV. 결론

최근 들어 정당민주주의에 대한 불신으로 인해 참여의 확대를 통한 직접민주주의적인 요소의 도입에 대한 요구가 쏟아지고 있지만 그것이 정당을 중심으로 한 대의민주주의를 대체할 것이라는 전망은 현재로서는 그다지 긍정적으로 받아들이기 어렵다. 이는 무엇보다도 직접민주주의를 통한 참여의 확대가 의사 결정에 있어서 책임성과 논의과정의 심의성을 담보하기 어렵다는 점에서 그러하다. 더욱이 우리의 유권자들은 정당에 기반한 정치체제를 비판하면서도 그것을 포기하기보다는 정당의 개혁을 지속적으로 요구하고 있다.

한국 정당의 당원들이 당내 이슈들과 당내민주주의에 대해 어떻게 인식하고 있는지 검토한 이 글의 분석결과는 변화한 정치환경에서 신뢰를 잃고 위기에 처한 우리의 정당들에게 어떠한 개선노력이 필요한지 명확하게 보여 주고 있다. 한국의 당원들이 소속 정당에 대해 갖는 만족도는 다른 어떤 요인보다도 당 내부의 존재하는 갈등의 정도와 의사 결정 과정의 민주성, 그리고 소통을 통한 의견반영 등 민주적인 절차와 관련된 요인들에 의해 크게 좌우되고 있었다. 이는 현재의 상황에서 정당에 직접적으로 참여하고 있는 당원들이 소속 정당에게 그들이 체감할 수 있는 당내민주주의 수준의 질적인 고양을 핵심적으로 요구하고 있음을 명확히 보여 주는 것이다.

정당민주주의의 측면에서 이러한 분석결과가 보여 주는 메시지는 분명하다. 폭발적인 참여의 욕구를 분출하고 있는 유권자들이 바라는 질적인 변화의 내용은 당원과 유권자들이 동의할 수 있는 정치적 결정, 비판에 반응할 수 있는 지도부, 그리고 결과에 대한 동의와 제시된 약속과 실행된 정책에 책임지는 정당정치이다. 그럼에도 현재까지 보여 준 한국 정당들의 모습은 이러한 변화요구와는 큰 거리가 있다. 대표성의 강화를 위한 연동형 비례대표제의 적극적인 도입 요구를 기형적인 위성정당의 창당으로 파행시킨 것은 물론이거니와, 당내 민주주의적인 의사 결정 과정을 통해 비례대표제 추천과정의 민주성을 높이겠다는 취지도 도입한 선거법 개정 내용은 정당의 자율성을 해친다는 이유로 도입 1년 만에 삭제되고 말았다. 이러한 상황들은 유권자 차원에서 크게 변화한 환경에 대한 우리 정당들의 대응이 기대에 부응하기는커녕 오히려 이에 역행하고 있음에 다름 아니다.

이 글의 분석결과가 보여 주는 것처럼 그간 한국 정당에 불만과 냉소는 정당이 내부 의사 결정 과정에서의 민주성 제고에 대단히 미흡했던 결과이다. 만일 현재의 상황이 지속된다면, 유권자들의 정당정치에 대한 불신은 더욱 축적되어 우리의 정당들은 다시 한번 폭발적인 비난과 함께 외부로부터의 개혁요구에 처할 가능성이 높다. 이를 피하기 위해서라도 정당들은 당내민주주의의 강화를 통해 변화한 당원과 유권자들에게 매력적인 참여의 수단으로 자리매김하고, 그 과정에서 '갈등관리의 적극적인 주체'로 스스로의 위치를 재구축하고 갈등을 안정적으로 관리할 제도적 장치의 마련에 시급히 나설 필요가 있음은 두말할 나위가 없다.

한가지 다행스런 사실은 정치와 정당에 대한 불신 속에서도 유권자들이 대의민주주의에 대한 믿음과 회생가능성을 여전히 가지고 있다는 점이다. 이는 우리의 정당들이 이러한 믿음에 부응하여 적극적인 변화에 나선다면 대의민주주의의 중심행위자로 다시금 자리매김할 여지가 아직은 남아있음을 의미하는 것이다. 민주성의 확장과 함께 갈등 조정능력의 고양을 어떻게 이룰 것이냐에 따라 그 결과가 달려 있다.

참고문헌

강원택. 2007. 『인터넷과 한국정치: 정당정치에 대한 도전과 변화』 서울: 집문당.

김범수·조화순. 2017. "네트워크 사회의 변동요인과 포스트 대의제의 등장." 『사회이론』 가을/겨울, 225-62.

윤성이. 2015. "아날로그 정당과 네트워크 유권자: '제도 지체' 현상에 대한 고민." 미래정치연구소 편. 『정당이 살아야 민주주의가 산다』 서울: 푸른길.

윤종빈. 2012. "19대 총선 후보공천의 과정과 결과, 그리고 쟁점: 새누리당과 민주통합당을 중심으로." 『한국정당학회보』 11(2), 5-37.

윤종빈·정수현 외. 2019. 『한국의 당원을 말하다』 서울: 푸른길.

이정진. 2019. "공천의 민주화: 당원이 인식하는 바람직한 공천방향." 미래정치연구소 편. 『한국의 당원을 말하다』 서울: 푸른길.

장훈. 2010. "보이는 목표와 보이지 않는 결과: 대통령후보 경선제의 역설." 『20년의 실험: 한국 정치개혁의 이론과 역사』 파주: 나남. 139-171.

중앙선거관리위원회. 2020. 『2019년도 정당의 활동개황 및 회계보고』 과천: 중앙선거관리위원회.

지병근. 2010. "서베이 민주주의(Survey Democracy)?: 6.2 지방선거 후보공천사례를 중심으로." 『한국정치연구』 19(3), 57-75.

최장집·서복경·박찬표·박상훈. 2017. 『양손잡이 민주주의』 서울: 후마니타스.

Accetti, Carlo Invernizzi and Pabio Wolkenstein. 2017. The Crisis of Party Democracy, Cognitive Mobilization, and the Case for Making Parties more Deliberative. *American Political Science Review.* 111, 97-109.

Adams, James and Samuel Merrill III. 2008. Candidate and Party Strategies in Two-Stage Elections Beginning with a Primary. *American Journal of Political Science.* 52, 344-359.

Brady, D., Harie Han, and J. C. Pope. 2007. Primary Elections and Candidate Out of Step with the Primary Electorate? *Legislative Studies Quarterly.* 32, 79-105.

Dalton, Russel. 2009. Economics, Environmentalism and Party Alignments. *European Journal of Political Research*. 48, 161-175.

Dalton, Russell J. and Martin Wattenberg (eds.). 2002. *Parties without Partisans*. New York: Oxford University Press.

Detterbeck, Klaus. 2005. Cartel Parties in Western Europe. *Party Politics*. 11, 173-191.

Fiorina, Morris P. and M. S. Levendusky. 2006. Disconnected: The Political Class versus the People. In P. S. Nivola and D. Brady (eds.). *Red and Blue Nation? Characteristics and Causes of American Polarized Politics*. DC: Brookings Institution Press, 49-71.

Gauja, Anika. 2015. The Individualisation of Party Politics: The Impact of Changing Internet Decision-making Process on Policy Develpment and Citizen Engagement. *British Journal of Politics and International Relations*. 17, 89-105.

Geer, John G. and Mark E. Shere. 1994. Party Competition and the Prisoner's Dilemma: An Argument for the Direct Primary. *Journal of Politics*. 65, 457-476.

Hacker, Jacob and Paul Pierson. 2005. *Off Center: The Republican Revolution & the Erosion of American Democracy*. New Haven: Yale University Press.

Inglehart, Ronald and Christian Welzel. 2005. *Modernization, Cultural Change, and Democracy*. Cambridge: Cambridge University Press.

Katz, Richard S. and Peter Mair. 1995. Changing Models of Party Organization and Party Democracy: the Emergence of the Cartel Party. *Party Politics*. 1, 5-31.

Katz, Richard S. and Peter Mair. 2009. The Cartel Party Thesis: A Restatement. *Perspectives on Politics*. 7, 753-766.

Mair, Peter. 2013. *Ruling the Void: The Hollowing of Western Democracy*. London: Verso.

Miller, Warren and Merrill Shanks. 1996. *The New American Voter*. Cambridge: Harvard University Press.

Norris, Pippa. 1999. *Critical Citizens: Global Support for Democratic Government*. New York: Oxford University Press.

Norris, Pippa. 2002. *Democratic Phoenix: Reinventing Political Activism*. Cambridge:

Cambridge University Press.

Panebianco, Angelo. 1988. *Political Parties: Organization and Power*. Cambridge: Cambridge University Press.

Putnam, Robert. 2000. *Bowling Alone: The Collapse and Revival of Americna Community*. New York: Simon and Schuster.

Scarrow, Susan E. 2015. *Beyond Party Members: Changing Approaches to Partisan Mobilization*. Oxford: Oxford University Press.

Schattschneider, E. E. 1942. *Party Government*. New Brunswick: Transaction Publisher.

Teixeira, Ruy. 1992. *The Disappearing American Voter*. DC: Brookings.

이 책을 기획하고 집필한 정치학자들...

윤종빈

현 | 명지대학교 정치외교학과 교수

현 | 미래정책센터장

• 대표저서 및 논문

"한국인의 민주주의에 대한 인식: 대의제 요인을 중심으로."(『사회과학논집』, 2020, 교신저자), "정보화 시대 대의민주주의 위기 극복을 위한 한국형 정당모델의 모색." (『미래정치연구』, 2019, 교신저자), "한국적 사회적 자본에 대한 탐색적 연구"(『정치와 문화』, 2019, 공저), "한국 유권자의 제3정당지지"(『한국정당학회보』, 2019, 공저), 『21대 총선과 한국 민주주의의 진화』(서울: 푸른길, 2021, 공저), 『Democracy and Social Change in South Korea』(서울: 푸른길, 2020, 공저), 『민주주의의 두 얼굴』(서울: 푸른길, 2019, 공저)

박지영

현 | 성신여자대학교 정치외교학과 조교수

• 대표저서 및 논문

"Social Media Use and Participation in Dueling Protests."(International Journal of Press/Politics, 2021), "A Heterogeneous Rally Effect for a Corrupt President." (Democratization, 2020)

김진주

현 | 명지대학교 미래정책센터 연구교수

• 대표저서 및 논문

"제21대 총선 당선자 매니페스토 분석: 제20대 당선자와의 공약 유사성을 중심으로."(『한국정당학회보』, 2021), "한국 유권자의 정당 지지 변경 요인: 제3정당의 출현을 중심으로."(『한국정치연구』, 2020), "한국의 유동 당원에 대한 탐색적 연구."(『한국정치학회보』, 2020), 『21대 총선과 한국 민주주의의 진화』(서울: 푸른길, 2021, 공저), 『Democracy and Social Change in South Korea』(서울: 푸른길, 2020, 공저)

장우영

현 | 대구가톨릭대학교 정치외교학과 교수

• 대표저서 및 논문

"온라인 입법청원과 민주주의"(『국제정치연구』, 2020), "소셜미디어 선거캠페인 연구 동향과 쟁점"(『정보화정책』, 2019), "정보/미디어 선택과 편향 동원"(『한국정치학회보』, 2018), "정치커뮤니케이션 채널과 촛불집회"(『한국정치학회보』, 2018), "촛불집회와 다중운동"(『한국학술정보』, 2019, 공저자)

송경재

현 | 상지대학교 교양학부 조교수

• 대표저서 및 논문

"사회적 자본은 시민참여를 강화하는가?"(『NGO 연구』, 2020), "정보네트워크 사회, 한국과 일본의 사회적 자본과 시민참여 연구"(『한국정치연구』, 2019), "Social Capital and the Information Network Society in South Korea"(『Korea Observer』, 2019, 교신저자), 『미디어 공진화 정보인프라와 문화콘텐츠의 융합 발전』(경기: 한울아카데미 2019, 공저자)

신정섭

현 | 숭실대학교 정치외교학과 조교수

• 대표저서 및 논문

"코로나19가 제21대 국회의원 선거 투표선택에 미친 영향: 정부대응 평가와 개인 피해를 중심으로"(『한국정치연구』 2020), "제20대 국회의원 선거에 나타난 복지회고투표: 이념, 소득, 연령을 중심으로"(『한국정치학회보』, 2019), "Do the Welfare Benefits Weaken the Economic Vote? A Cross-National Analysis of the Welfare State and Economic Voting" (International Political Science Review, 2019)

유성진

현 | 이화여자대학교 스크랜튼학부 부교수

• 대표저서 및 논문

"21대 국회 개원 평가와 전망: 양극화 시대 국회운영의 성공조건"(『의정연구』, 2020), "정치환경의 변화와 관용: 사회안전과 개인적 정향 그리고 민주주의"(『분쟁해결연구』, 2019), "집단정체성으로서의 세대와 그 정치적 효과"(『한국정당학회보』, 2018)『대한민국 국회제도의 형성과 변화』(서울: 푸른길, 2018, 공저)